Annette Breucker

Wir machen was im Kindergarten

Das Spiele-Handbuch für
Kindergarten, Hort und Familie

Illustrationen von Susanne Szesny

Ökotopia Verlag Münster

Impressum

Autorin:	Annette Breucker
Gesamtillustration:	Susanne Szesny
Satz:	stattwerk e.G., Essen
Druck:	Proost N.V., Turnhout
Herausgeber:	Spiel- und Kulturwerkstatt Rhinozeros

Dieses Buch wurde auf garantiert chlorfreiem Papier gedruckt.
Im Bleichprozess wird statt Chlor Wasserstoffperoxid eingesetzt. Dadurch
entstehen keine hochtoxischen CKW (Chlorwasserstoff)-haltigen Abwässer.

CIP-Titelaufnahme der Deutschen Bibliothek

Wir machen was im Kindergarten: das Spiele-Handbuch für Kindergarten, Hort und Familie / [Hrsg.:
Spiel- und Kulturwerkstatt Rhinozeros]. Annette Breucker. Bilder von Susanne Szesny. – Münster:
Ökotopia-Verl., 1999

ISBN 3-931902-48-X

INHALT

Vorwort...4

Hallo, hier bin ich!
Spielerische Anregungen zum Kennenlernen und zur Eingewöhnung 6

Unsere Gruppe das sind wir!
Miteinander und Interaktion 18

Sag, wo kommst du her?
Spiele und Anregungen zur interkulturellen Erziehung..29

Komm in unsere Kuschelecke
Spiele zum Kuscheln, Schmusen und Entspannen 40

Wie gut, dass du jetzt bei mir bist!
Spielideen für den Umgang mit starken Gefühlen 50

Den Sinnen auf der Spur
Spielerisch die Wahrnehmung fördern 68

Hurra, wir gehen nach draußen!
Spiele und Aktionen im Freien 76

Rund um unseren Kindergarten
Kinder entdecken ihre „Um"-welt im Spiel 86

Wer will mit uns feiern?
Kinderfeste und Geburtstage mit Spiel und Spaß erleben 92

Erlebniswelt Kindergarten...104
Spiele und Aktionen für Projekte – mit Unterkapiteln zu den Themen:

> Theater spielen
>
> Musizieren
>
> Tanzen
>
> Turnabenteuer für Kinder
>
> Tiere im und um den Kindergarten

Schade, dass du gehen musst!
Spiele und Ideen zum Thema Abschied..132

Alphabetisches Spieleverzeichnis / Zur Autorin 140

Vorwort

Spielen ist ein wesentliches Element im Zusammenleben mit Kindern, ob im Kindergarten und Hort, in Spielgruppen oder zu Hause. Für Kinder ist das Spiel ein elementares Mittel zu lernen, sich anderen mitzuteilen, eigene Grenzen und Möglichkeiten auszuprobieren – kurz, die Umwelt zu erkunden und kennen zu lernen. Hier setzt das vorliegende Buch an. Es orientiert sich an Situationen, die zum Alltag in der pädagogischen Arbeit mit Kindern von 3 - 10 Jahren gehören.

Hallo hier bin ich!	gibt Anregungen zum ersten, spielerischen Kennenlernen der Kinder untereinander, zur Orientierung in der neuen Umgebung und zur Eingewöhnung.
Unsere Gruppe, das sind wir!	beinhaltet Spielvorschläge, damit Kinder verschiedenster Neigungen und Interessen Schritte aufeinander zu gehen und zu einer Gruppe zusammen wachsen.
Sag, wo kommst du her?	bringt Anregungen für die interkulturelle Arbeit. Mit Neugierde und ohne Vorurteile können Kinder lernen, das „Fremde" zu überwinden und aufeinander zuzugehen.
Komm in unsere Kuschelecke!	beinhaltet Vorschläge zum kuscheln, schmusen und entspannen – allein, paarweise oder in der ganzen Gruppe.
Wie gut, dass du jetzt bei mir bist!	zeigt, dass im Spiel Gefühle wie Wut, Freude, Trauer, Neid, Eifersucht, Hilflosigkeit und Angst thematisiert und nachempfunden werden können und wie gut es dann ist, eine/n Freund/in zur Seite zu haben.
Den Sinnen auf der Spur	will Kinder und Erwachsene gleichermaßen ermutigen, ihren Sinnen auf die Spur zu kommen, sich immer wieder neu auf eine sinnliche Entdeckungsreise zu begeben.
Hurra, wir gehen nach draußen!	beinhaltet Aktionen und Vorschläge für das Spielabenteuer im Freien, bei Wind und Wetter und zu jeder Jahreszeit.
Rund um unseren Kindergarten	orientiert sich am Wohnumfeld des Kindergartens und bietet Ideen zum spielerischen Erleben der „Um"-welt rund um den Kindergarten.
Wer will mit uns feiern?	ist eine Fundgrube mit Spielideen für Fest und Feiern jeglicher Art.
Erlebniswelt „Kindergarten"	gibt Tipps zum projekt- und situationsorientierten Arbeiten zu den fünf Themenbereichen: Turnen mit Kindern – Theater spielen – Miteinander tanzen – Spiele mit Musik und Instrumenten – Tiere im Kindergarten.
Schade, dass du geh'n musst!	liefert eine Fülle neuer Vorschläge, das Thema „Abschied" im Spiel zu bearbeiten und sie bewusst in Gruppen zu erleben.

„Wir machen was im Kindergarten" ist somit ein Spiele-Handbuch, das nahezu alle Situationen aus dem Kindergartenalltag aufgreift und hierfür zahlreiche Ideen zur spielerischen Auseinandersetzung anbietet. Von Bewegungs-, Kreis- und Tanzspielen, über Sing- und Fingerspiele bis hin zu Spielen mit verschiedenen Materialien reicht das gesamte Spektrum. Dabei sind alle Anregungen schnell und ohne großen Materialaufwand umsetzbar und in der alltäglichen Praxis zu realisieren. Für Grundschulen, Spielgruppen und Familien ist das Buch gleichermaßen eine wahre Fundgrube mit vielfältigen Impulsen zur spielerischen Gestaltung situationsorientierter Aktionen und themenbezogener Projekte.

Doch nun wünsche ich viel Spaß beim Ausprobieren!

Gewachsen

zu anfang wart ihr fremde für mich
die mir eine hand gereicht haben
ich konnt sie gebrauchen

jetzt bin ich
neugierig auf euch.

zu anfang war ich eine fremde für euch
die an eure türe geklopft hat.
ihr habt sie geöffnet.

jetzt geht ihr
auf mich zu.

zu anfang wusstet ihr nicht
was ihr mit mir spielen sollt.

jetzt reiten wir
als indianer durch die prärie.

zu anfang wusste ich nicht
was ich mit euch reden soll.

jetzt steht mein
mund nicht mehr still.

zu anfang habe ich von „mir" geredet
jetzt sage ich ständig „wir".

zu anfang habt ihr „euch" nur gesehen
jetzt suchen wir „uns".

Hallo, hier bin ich!

Spiele zum Kennen lernen und zur Eingewöhnung

Der erste Tag im Kindergarten ist für alle Kinder ein großes Ereignis und stellt für sie den Beginn eines neuen Lebensabschnitts dar. Viele unbekannte Eindrücke und Erfahrungen warten auf sie: andere Kinder kennen lernen, neue Freunde finden, sich in den Räumen des Kindergartens orientieren, einige Zeit ohne Mutter und Vater verbringen, einen Platz innerhalb der Gruppe finden – all das will erst einmal gelernt sein. Manchen Kindern fällt das etwas leichter; andere Kinder tun sich schwer damit, sie weinen, verschließen sich und wollen nicht im Kindergarten bleiben.

Auch für die Kinder in der Einrichtung bedeutet die Ankunft der „Neuen" immer wieder eine Umstellung, die ihren Alltag im Kindergarten verändert. Auch sie müssen sich öffnen, auf die „Jüngeren" zugehen und helfen, ihnen die Eingewöhnung zu erleichtern.

Spiele können hier sehr hilfreich sein, miteinander vertraut zu werden, die neuen Namen zu erlernen, sich innerhalb der „fremden" Kinder zu bewegen. Entdeckungsspiele durch den gesamten Kindergarten bieten den neuen Kindern die Möglichkeit, sich schnell und problemlos mit der unbekannten Umgebung vertraut zu machen und sich schon bald im Kindergarten ein Stück weit zu Hause zu fühlen.

Vorstellen im Kreis

▶ **Anzahl: 8 und mehr Kinder**
▶ **Material: ein Ball**
▶ **Spielort: im Raum**

Die Kinder sitzen auf Stühlen im Kreis und haben die Beine gegrätscht. Ein Kind befindet sich mit einem Ball in der Mitte. Es verbeugt sich einmal vor den anderen und stellt sich mit seinem Namen vor. Nun versucht es, den Ball durch die gegrätschten Beine eines der Kinder zu werfen. Gelingt es dem Kind, den Ball durch ein „Tor" zu werfen, so kommt dieses Kind als nächstes in die Mitte und das Kind aus der Mitte nimmt auf dem Stuhl Platz. Mit Applaus wird das neue Kind in der Mitte von den anderen begrüßt und stellt sich mit seinem Namen vor. Die nächste Runde kann beginnen. Gespielt wird so lange, bis alle Kinder einmal in der Mitte waren und sich vorgestellt haben. Dazu kann folgendes Lied gesungen werden:

Melodie: *„Wir werden immer größer"*

„Ich bin die Sabine.
Jeder kennt mich hier.
Ich bin die Sabine.
Und werfe den Ball zu dir."

Sieh mal, was ich kann!

> Anzahl: 8 und mehr Kinder
> Material: ein Ball
> Spielort: im Raum

Die Kinder sitzen auf Stühlen im Kreis. Ein Kind tritt mit dem Ball in die Kreismitte. Während alle gemeinsam das nachstehende Lied singen, wirft das Kind den Ball den sitzenden Kindern zu. Diese werfen den Ball sofort zurück. Ist das Lied zu Ende, geht das Kind, das den Ball zuletzt hatte, in die Mitte und die zweite Spielrunde beginnt.

Lied zur Melodie: *„Auf der Mauer auf der Lauer, sitzt 'ne kleine Wanze."*

> *„In dem Kreis.*
> *In dem Kreis.*
> *Steht der kleine Sven.*
> *Seht euch mal den Sven an,*
> *wie der Sven werfen kann.*
> *In dem Kreis.*
> *In dem Kreis.*
> *Steht der kleine Sven."*

Namen merken

> Anzahl: 4 und mehr Kinder
> Material: ein Ball
> Spielort: im Raum oder draußen

Die Kinder stellen sich im Kreis auf. Die Spielleitung befindet sich mit dem Ball in der Mitte des Kreises. Jetzt ruft sie den Namen eines Kindes und wirft kurz danach den Ball hoch über sich in die Luft. Schnell muss das aufgerufene Kind in die Mitte und den Ball fangen. Diesen reicht es anschließend an die Spielleitung zurück und stellt sich wieder in den Kreis. Dann wird das nächste Kind in die Mitte gerufen.

Variante: Das Kind, welches aufgerufen wurde, läuft schnell in die Mitte und versucht den hochgeworfenen Ball zu fangen. Gelingt es, so bleibt das Kind in der Mitte und darf nun ein neues Kind ausrufen. Wird der Ball nicht gefangen, tritt das Kind in den Kreis zurück und die Spielleitung ist ein zweites Mal an der Reihe.

Variante für jüngere Kinder: Die Kinder sitzen auf Stühlen im Kreis und die Spielleitung steht mit dem Ball in der Kreismitte. Jetzt ruft sie den Namen eines Kindes aus und wirft diesem Kind den Ball zu. Schnell muss das Kind aufstehen und versuchen, den Ball im Stehen zu fangen und dann wieder zurückzuwerfen. Nach einiger Zeit sucht sich die Spielleitung ein Kind aus der Gruppe, das die Rolle in der Mitte übernehmen darf.

Begegnungen

> Anzahl: 6 und mehr Kinder
> Material: pro Kind ein Tennis- oder Gymnastikball
> Spielort: großer Raum oder Turnhalle

Alle Kinder haben je einen Tennis- oder Gymnastikball. Damit bewegen sie sich einzeln kreuz und quer im Raum. Zu Beginn trägt jedes Kind seinen Ball einfach nur in den Händen. Immer, wenn es auf seinem Spaziergang einem anderen Kind begegnet, tauschen die beiden ihre Bälle. Dabei stellen sie sich einander vor.

„Hallo, ich heiße Pia und wie heißt du?"

Danach gehen alle mit ihrem Ball weiter bis zur nächsten Begegnung. So lernen die Kinder leicht die Namen der neuen Kinder kennen. Nach einiger Zeit wird die Art, wie die Kinder sich mit den Bällen bewegen sollen, verändert:
- den Ball mit einer Hand auf dem Boden rollen
- den Ball auftupfen und wieder fangen
- den Ball zwischen die Knie klemmen und hüpfend weiter bewegen
- den Ball immer vor sich auf den Boden legen und mit Schlusssprüngen darüber springen
- den Ball von Hand zu Hand werfen...

Die Begegnungen mit anderen Kindern bleiben dabei stets gleich. Jedoch kann auch hier eine Veränderung erfolgen:
- sich die Bälle aus einem kleinen Abstand nacheinander zuwerfen
- den Ball durch die gegrätschten Beine des anderen Kindes rollen
- die Bälle vor sich auf den Boden legen und einander zuschießen
- die Bälle in der Mitte einmal auftupfen lassen etc.

Bei jeder dieser Begegnungen stellen die Kinder sich immer wieder gegenseitig mit ihrem Namen vor.

Hallo und auf Wiedersehen

> **Anzahl: 4 und mehr Kinder**
> **Material: schnelle, bewegte Musik**
> **Spielort: im Raum**

Die Kinder verteilen sich im Raum. Es wird eine schnelle, bewegte Musik eingespielt zu der die Kinder sich im Raum bewegen. Die Spielleitung stoppt die Musik und ruft den ersten Impuls aus:

„Wir begrüßen ganz schnell die anderen Kinder und schütteln ihre Hände."

Mögliche, weitere Impulse:

❍ Wir begrüßen alle, die uns entgegenkommen, so als hätten wir uns Jahre nicht gesehen und freuen uns sehr.
❍ Wir begrüßen alle, die uns entgegenkommen, jedoch können wir die anderen überhaupt nicht leiden.
❍ Wir begrüßen die anderen ganz schnell und im vorbei rasen. Wir sind sehr in Eile.
❍ Wir begrüßen einander wie sich Menschen vor 200 - 300 Jahren begrüßt haben, also mit Verbeugung und Knicks (sollte von der Spielleitung vorgemacht werden).

Weitere Beispiele: Wir begrüßen einander wie die Japaner, die Cowboys, zwei alte Omas, zwei feine Damen, zwei alberne Clowns usw.

Auf die gleiche Weise werden anschließend Verabschiedungsimpulse ausgerufen:
„Wir verabschieden uns und sind ganz traurig, dass wir uns nie mehr wieder sehen."

❍ Wir verabschieden uns mit einem kleinen Tänzchen, d. h. wir haken uns bei den Entgegenkommenden ein und drehen uns einmal im Kreis.
❍ Wir verabschieden uns rückwärts, Po an Po und schütteln die Hände durch die gegrätschten Beine.
❍ Wir verabschieden uns im Zorn: Wir sind sehr wütend auf den anderen.
❍ Wir verabschieden uns und klatschen die Handflächen aneinander.
❍ Wir verabschieden uns und schlagen den Entgegenkommenden dabei freundschaftlich auf die Schulter.

Nach jedem Impuls setzt die Musik wieder ein und die Kinder tanzen allein weiter bis der nächste Musikstopp erfolgt.

Was gehört zu mir?

> **Anzahl: 6 und mehr Kinder**
> **Material: pro Kind ein Luftballon,**
> **rhythmische Musik**
> **Spielort: im Raum**

Für jedes Kind wird ein Luftballon aufgepustet und zugeknotet. Die Spielleitung malt mit einem Kugelschreiber oder mit Fingerfarben (müssen trocknen) die Symbole der Kinder, die sich auf den Kleiderhaken, Eigentumsfächern und dergleichen befinden, auf die Luftballons. Auf jeden Luftballon wird ein Symbol gemalt. Vielleicht können die Kinder ihr Symbol ja auch schon selbst malen.

Mit seinem Luftballon stellt sich jedes Kind irgendwo im Raum auf. Eine stark rhythmische Musik wird eingespielt. Dazu bewegen sich die Kinder im Raum und wirbeln dabei ihre Luftballons wild durcheinander. Stoppt die Musik, so ergreift jedes Kind schnell einen Luftballon und bringt ihn zu dem Kind, dessen Symbol auf dem Luftballon zu sehen ist. Das Symbol darf auch laut ausgerufen werden, damit das betreffende Kind sich melden kann. Hat jedes Kind seinen Luftballon erhalten, beginnt die zweite Spielrunde.
Varianten: Die Luftballons dürfen den Boden nicht berühren, die Luftballons dürfen nur mit bestimmten Körperteilen in der Luft gehalten werden (Kopf, Füße, eine Hand usw.).

Wir sind eine Gruppe

> **Anzahl: 6 und mehr Kinder**
> **Material: —**
> **Spielort: im Raum**

Die Kinder bilden einen Innen- und Außenkreis. Die Kinder des Innenkreises stehen mit dem Gesicht nach außen, die Kinder des Außenkreises mit dem Gesicht zur Kreismitte. Jedes Kind benötigt ein Partnerkind, das ihm dicht gegenüber steht. Nun kann das Kreisklatschspiel beginnen.

> *„Ich und du*
> *Ich und du*
> *Wir sind eine Gruppe*
> *Wir sind eine Gruppe*
> *Ich und du."*

Dieser Sprechtext wird ständig wiederholt. Dazu führen die Paare folgende Klatschbewegungen aus:

Ich	sich mit beiden Händen auf die eigenen Oberschenkel klatschen
und	in die eigenen Hände klatschen
Du	in die Hände des Gegenübers klatschen
Wir sind eine Gruppe	alle Kinder im Innen- und Außenkreis fassen sich an den Händen, schließen ihren Kreis und schunkeln dabei hin und her
Ich und du	während sie den Text sprechen oder singen

Dann lösen die Kinder die Hände und das Spiel beginnt von neuem. Haben die Kinder etwas Übung, so treten sie nach einem Sprechvers einen Schritt nach rechts und machen eine neue Klatschrunde mit dem nächsten gegenüberstehenden Kind im Kreis. Dazu treten jeweils die Kinder im Innen- und Außenkreis einen Schritt nach rechts. Dieses muss mit den Kindern etwas geübt werden, damit die Richtung klar ist.

Nach jedem Sprechgesang wechseln die Kinder ihre Partner. Sind die Kinder auch darin schon geübt, so kann zuletzt das Tempo gesteigert werden. Natürlich können auch andere Kreisklatschspiele zu verschiedenen Rhythmen und Bewegungen mit den Kindern gemeinsam entwickelt werden, auch das obige Klatschspiel kann erweitert werden.

Erzähl mir was von dir!

> **Anzahl: 6 und mehr Kinder**
> **Material: —**
> **Spielort: im Raum**

Alle Kinder sitzen mit dem Gesicht zueinander in einem Stuhlkreis. Es ist kein Platz mehr frei. Die Spielleitung steht außerhalb des Kreises. Sie gibt nacheinander verschiedene Impulse:

○ Alle Kinder, die fünf Jahre alt sind, tauschen ihre Plätze.
○ Alle Kinder, die zu Hause einen Hund haben, ...
○ Alle Kinder, die einen Bruder haben, ...

Die Kinder, auf die das Genannte zutrifft, springen schnell von ihren Stühlen auf und tauschen mit einem anderen Kind den Platz. Trifft eine Aussage nur auf eines der Kinder zu, so steht das Kind auf, läuft einmal im Kreis herum und setzt sich wieder auf seinen Platz.

Weitere Impulse könnten sein:
Alle Kinder, die gerne schwimmen gehen, ... – die gerne in den Kindergarten kommen – die gerne Spinat essen – die gerne schwimmen gehen – die etwas Rotes tragen – die heute Morgen ein Brötchen gegessen haben usw.

Variante: Die Spielleitung befindet sich in der Mitte des Kreises. Erneut ruft sie einen Impuls aus. Wenn sich aber jetzt Kinder erheben, um den Platz zu tauschen, versucht die Spielleitung einen frei gewordenen Platz zu besetzen. Das Kind, das keinen freien Stuhl erwischt hat, startet in der Mitte die nächste Runde und nennt einen neuen Impuls.

Hinweis: Die Spielleitung sollte bei dieser Variante des Spiels den Kindern Hilfestellungen geben, indem sie mit dem Kind in der Mitte gemeinsam spielt.

Hugo, der Kuschelhase

> Anzahl: 6 und mehr Kinder
> Material: je Kind ein Kuscheltier
> Spielort: im Raum

Besonders Kinder, die neu im Kindergarten sind, bringen gerne ihren besten Freund, das Kuscheltier, mit in die Einrichtung. Natürlich wollen wir auch die Kuscheltiere einmal kennen lernen und begrüßen.

Schon am Vortag lädt die Spielleitung die Kinder ein, am nächsten Tag ihr liebstes Kuscheltier, eingewickelt in ein Tuch, mit in den Kindergarten zu bringen.

Am darauf folgenden Tag setzen sich die Kinder mit ihren Kuscheltieren in den Kreis und legen ihr eingepacktes Tier hinter ihren Rücken. Auch die Spielleitung hat ein Kuscheltier dabei. Sie beginnt die erste Runde und beschreibt mit einem kleinen Hinweis ihr Kuscheltier.

„Mein liebstes Kuscheltier ist grün."

Nun darf zum ersten Mal geraten werden. Dazu fragt die Spielleitung nacheinander zwei Kinder:

„Kennst du mein Kuscheltier?"

Die aufgeforderten Kinder dürfen einen Tipp abgeben. Wurde das Tier nicht erraten folgt der zweite Hinweis:

„Es hat viele scharfe Zähne".

Wieder werden zwei Kinder aufgefordert zu raten. Wird das Kuscheltier erraten, so überreicht die Spielleitung dem Kind, das es erraten hat, sein Kuscheltierpaket und das Kind darf es auspacken und einmal im Kreis herumreichen. Anschließend darf ein Kind sein Kuscheltier vorstellen.

Hinweis: Jüngere Kinder können ihr Kuscheltier noch nicht allein vorstellen. Die Spielleitung sollten ihnen ein wenig Hilfestellung geben.

Kleine Bummelzüge

> Anzahl: 6 und mehr Kinder
> Material: rhythmische Musik
> Spielort: im Raum

Die Kinder bilden Spielpaare und stellen sich hintereinander auf. Das hintere Kind fasst das Vordere bei den Schultern. Die Spielpaare verteilen sich im Raum. Jetzt wird eine rhythmische Musik eingespielt.

Langsam setzen sich die kleinen Bummelzüge in Bewegung, fahren aneinander vorbei durch den Raum und winken sich dabei zu. Ein Zug darf sich auch an einen anderen anhängen und als 4-er Bummelzug weiter fahren, sich später vielleicht wieder voneinander lösen und getrennt die Fahrt fortsetzen. Manche der Züge sind Eilzüge, die an den anderen ganz schnell vorbei sausen, einige können nur rückwärts fahren ...

Die Kinder dürfen selbst bestimmen, wie ihr Zug sich fort bewegt. Nach einiger Zeit tauschen die vorderen und hinteren Kinder die Rollen.

Deine Hände

> Anzahl: 6 und mehr Kinder
> Material: ein altes Bettlaken, Schere, etwas Schnur
> Spielort: im Raum

Ein altes Bettlaken wird als Vorhang im Raum aufgehängt. In die Mitte des Tuches werden zwei kleine Löcher nebeneinander geschnitten, durch die jeweils eine Hand passt.

Die Kinder bilden Spielpaare. Die Spielleitung fordert die Kinder auf, sich die Hände des anderen Kindes genau anzusehen. Die Hände dürfen auch ertastet werden. Die Kinder setzen sich auf die eine Seite vor das Tuch auf den Boden. Jetzt fordert die Spielleitung drei Kinder auf, einmal hinter das Tuch zu kommen. Die entsprechenden Spielpartner der drei nehmen auf der anderen Seite des Tuches Aufstellung. Die drei Kinder hinter dem Tuch stecken nacheinander ihre beiden Hände durch die Löcher. Eines der Kinder auf der anderen Seite darf nun die Hände befühlen und muss herausfinden, welches der drei Händepaare ihrer Partnerin gehört. Hat es richtig geraten, so ist das zweite Kind an der Reihe. Wieder strecken die drei Kinder hinter dem Tuch ihre Hände zum Raten durch die Löcher.

Wer bin ich?

> Anzahl: 6 und mehr Kinder
> Material: —
> Spielort: im Raum

Die Kinder sitzen im Kreis beisammen. Die Spielleitung fordert die Kinder auf, einander genau zu betrachten. Anschließend setzen sich alle mit dem Rücken zur Kreismitte, schließen die Augen und vergraben den Kopf in ihrem Schoß. Leise schleicht die Spielleitung zu einem Kind und tippt es an. Ganz still tritt das Kind in die Mitte des Kreises. Jetzt wird dieses Kind mit kleinen Beschreibungen von der Spielleitung vorgestellt:

„Das Kind in unserer Mitte trägt blaue Schuhe. Wer eine Idee hat, um wen es sich handeln könnte, ruft den Namen in den Raum."

Wurde das Kind nicht erraten, folgt der zweite Hinweis:

„Das Kind trägt einen gelben Pullover."

Es darf weiter geraten werden, bis schließlich herausgefunden wird, wer das Kind in der Mitte ist.

Neue Spielpaare

> Anzahl: 2 und mehr Spielpaare
> Material: siehe Text
> Spielort: im Raum

Von allen Kindern der Gruppe werden Einzelfotos gemacht. Die entwickelten Bilder werden einzeln auf Fotokarton geklebt und mit transparenter, selbstklebender Schutzfolie bezogen, damit sie länger halten. Diese Karten werden anschließend verdeckt auf dem Tisch ausgebreitet. Es werden jeweils zwei Karten umgedreht. Die beiden Kinder auf den Fotos bilden für das nächste Spiel oder die nächste Aktion ein Paar. So entstehen immer wieder andere Spielpaare und die Kinder lernen auch einmal die anderen Kinder ihrer Gruppe im Spiel näher kennen. Diese Fotokarten können bei vielen Gelegenheiten zur Paarbildung eingesetzt werden.

Eng verbunden

> Anzahl: 2 und mehr Kinder
> Material: Paarkarten und Seile oder Halstücher
> Spielort: im Raum

Wie vorhergehend beschrieben, bilden die Kinder entsprechend den gezogenen Bildkarten Paare. Jedes Paar hat nun eine vereinbarte Zeit lang die Aufgabe, alles, aber auch wirklich alles, gemeinsam zu erleben und zu bewältigen. Dazu werden die beiden Kinder mit einem Seil oder Schal an je einem Knie miteinander verbunden. So aneinander gefesselt, fällt es natürlich zunächst einmal schwer, sich zu bewegen. Die beiden müssen sich also erst an diese Situation gewöhnen und ihre Bewegungen aufeinander abstimmen. Die Spielleitung kann den einzelnen Paaren später Aufgaben erteilen: die Blumen gießen, neue Getränke aus der Küche holen, den Bauteppich aufräumen, den Tisch decken, einen Tanz einstudieren usw.

Gesucht – Gefunden

> Anzahl: 2 und mehr Kinder
> Material: je Kind eine Toilettenpapierrolle
> Spielort: im Raum / im Kindergarten

Die Kinder bilden mit Hilfe der Bildkarten Spielpaare und begeben sich gleichzeitig auf einen kleinen Spaziergang durch den Kindergarten. Jedes der Kinder hat eine Toilettenpapierrolle als Fernglas in den Händen. So wandern sie von Raum zu Raum durch den gesamten Kindergarten.

Im ersten Raum schauen sich beide durch ihre Ferngläser alles genau an. Das eine Kind ruft: *„Ich sehe etwas, das ist gelb!"* Nun muss das andere Kind den Raum durch das Fernrohr absuchen und darf 5 Tipps abgeben, was wohl mit dem Gelben gemeint sein könnte. Wurde der Gegenstand erraten, setzen beide den Spaziergang fort. Jetzt darf sich das andere Kind im nächsten Raum etwas aussuchen.

Da hat einer Quatsch gemacht!

> Anzahl: 2 und mehr Kinder
> Material: —
> Spielort: im Raum/im Kindergarten

In allen Räumen des Kindergartens hat die Spielleitung vor dem Eintreffen der Kinder bestimmte Dinge verändert. Das sollten nicht Kleinigkeiten sein, sondern ganz offensichtliche Veränderungen. Hier einige Beispiele: alle Kuscheltiere sitzen in einer Reihe auf der Fensterbank und schauen hinaus – ein Blumentopf steht im Waschbecken des Waschraums – einige Hausschuhe stehen oben auf dem Bücherregal – das Gruppenfoto hängt verkehrt herum an der Wand.

Zu zweit machen die Kinder sich auf die Suche und überprüfen, welchen Quatsch da jemand im Kindergarten gemacht hat. Anschließend treffen sich alle wieder im Kreis und berichten, was sie alles entdeckt haben. Dabei sollte jedes Spielpaar von einer „Quatsch-Entdeckung" berichten dürfen.

Das habe ich doch schon mal gesehen!

> Anzahl: 2 und mehr Kinder
> Material: Spielkarten (siehe Text)
> Spielort: im Raum/Kindergarten

Dieses Spiel hilft besonders Kindern, die neu in die Gruppe kommen, sich besser zurecht zu finden. Von der Spielleitung werden von den verschiedensten Gegenständen, die sich im Gruppenraum oder auch in anderen Räumen des Kindergartens befinden, Spielkarten angefertigt. Dazu werden aus Tonpapier große Spielkarten geschnitten. Darauf werden Gegenstände wie Legostein, Tasse, Kehrblech, Zahnpasta, Gießkanne, Musikinstrumente, Taschentücher etc. gemalt. Wer nicht so gut malen kann, sucht sich aus Prospekten von Einkaufsgeschäften die Gegenstände heraus, schneidet sie aus und klebt sie auf. Ist eine große Anzahl von Spielkarten fertig, werden diese verdeckt auf dem Tisch ausgebreitet.

Die Kinder bilden Spielpaare. Dabei sollte ein Kind, das neu in der Gruppe ist, mit einem „alten" Kind zusammen spielen. Das „neue" Kind zieht eine der verdeckten Karten und deckt sie auf. Jetzt gilt es, den abgebildeten Gegenstand möglichst schnell zu finden. Der Spielpartner begleitet das Kind auf seiner Suche. Ist der Gegenstand gefunden, so wird natürlich vom Partner viel Applaus gespendet. Mit einem Instrument kann das „alte" Kind seinem Partner bei der Suche helfen. Gibt es mit dem Instrument laute Signale, so befindet sich das Kind ganz in der Nähe des gesuchten Gegenstands, bei leisen Signalen ist das suchende Kind noch weit davon entfernt.

Variante für ein Wettspiel: Dabei spielen je zwei Paare gegeneinander. Jedes Paar deckt gleichzeitig eine Karte auf und das „neue" Kind aus jeder Gruppe muss den Gegenstand möglichst schnell herbeiholen. Der Partner gibt mit seinem Instrument die entsprechenden Signale. Welches Paar findet seinen Gegenstand zuerst?

Indianer auf Entdeckungspfad

> Anzahl: 2 und mehr Kinder
> Material: sehr viele Wollreste
> Spielort: im Raum/im Kindergarten

Zu Beginn dieses Spiels können die Kinder sich als Indianer verkleiden. Dazu haben wir gemeinsam mit den Kindern einige Tage vorher aus Lederresten kleine Stirnbänder entsprechend der Skizze angefertigt und anschließend mit Finger- oder Wasserfarben bunt bemalt. Durch die zwei an den Enden gestanzten Löcher werden zwei schmal geschnittene Lederbänder als Verschluss gezogen. Eine Feder kann mit einem Hefter einfach befestigt werden.

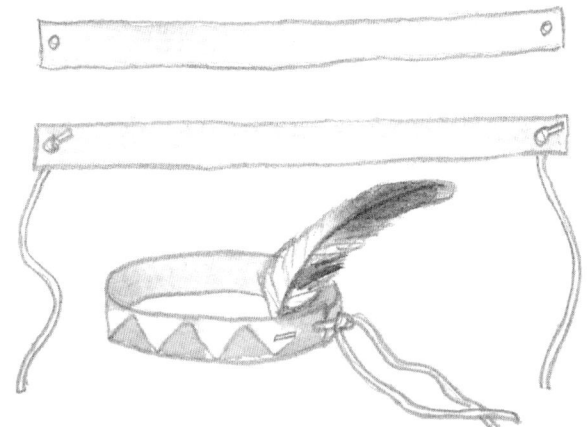

Zum Schluss erhält jeder Indianer noch eine Toilettenpapierrolle als Spährohr für die folgende, gefährliche Entdeckungstour.

Kreuz und quer durch den ganzen Kindergarten ist aus vielen Wollresten ein langer Weg gespannt worden. Das sollte nicht von einer Person allein vorbereitet werden. Da das Spiel auch gruppenübergreifend angeboten werden kann, finden sich aus anderen Gruppen sicher leicht ein paar Helfer. Die Wollfäden werden über und unter Hindernissen hergespannt, sie führen durch die Küche, die Treppe hinauf, in den Waschraum ...

In einer langen Schlange fassen die Kinder den Anfang des Fadens an. Die Spielleitung lädt alle kleinen Indianer zu einer Entdeckungsreise durch den Kindergarten ein. Dabei kann natürlich allerlei Aufregendes passieren. Viele Gefahren und Hindernisse warten schon auf die kleinen Indianer. Deshalb ist es wichtig, eng zusammen zu bleiben und sich einander zu helfen. Der Entdeckungspfad führt die Indianer durch gefährliche Sümpfe, vorbei an wilden Büffelherden und anderen kleinen Indianerstämmen, hinauf auf riesige Felsbrocken und hinab in tiefe Schluchten, durch reißende Flüsse und über wackelige Brücken. Immer neue Abenteuer gibt es für die kleinen Indianer auf ihrer Reise zu entdecken. Der Fantasie der Spielleitung sind dabei keinerlei Grenzen gesetzt. Natürlich können auch die Kinder ihrer eigenen Fantasie freien Lauf lassen und das Spielgeschehen mit bestimmen. Die gesamte Gruppe hangelt sich so durch den ganzen Kindergarten bis alle wieder glücklich im Gruppenraum angelangt sind.

Hinweis: Die Wollfäden sollten, falls dies möglich ist, für ein paar Tage gespannt bleiben. Bestimmt machen sich schon bald mutige Indianer allein oder zu zweit auf eine neue Entdeckungsreise und erzählen den anderen von ihren Abenteuern.

Der alte Seefahrer

Anzahl: 6 und mehr Kinder
**Material: ein Karton, Briefpapier und Brief-
umschlag, Stifte**
Spielort: im gesamten Kindergarten

Die Spielleitung bereitet für die Kinder eine kleine Schatzkiste vor. Dazu sammelt sie verschiedene Gegenstände aus den Räumen des Kindergartens und legt sie in die Schatzkiste. Jedes der Dinge, die in den Karton kommen, sollte jedoch noch ein zweites Mal im Kindergarten vorhanden sein. Hier einige Beispiele: ein Stück Seife, ein rotes Geschirrtuch, einen blauen Gummistiefel, ein Kissen mit grünen Punkten ...

Liebe Kinder,
bestimmt habt ihr schon einmal von mir
gehört. Ich bin der gefährliche Seeräuber-
hauptmann „Theodor der Schreckliche". Vor
vielen Jahren habe ich in eurem Garten die
Hälfte meines Schatzes versteckt, damit die
anderen Seemänner ihn mir nicht stehlen.
Jetzt brauche ich aber dringend meinen
Schatz zurück. Deshalb schicke ich euch heute
meinen Schatz, damit ihr für mich die andere
Hälfte suchen könnt. Alles, was ihr in meiner
Schatzkiste seht, muss es noch ein zweites
Mal in eurem Garten geben. Vielleicht denkt
ihr nun, das sind doch keine Schätze. Aber
auf meiner Insel, auf der ich heute lebe, kann
ich die Sachen gut gebrauchen. Schickt sie
mir doch so schnell wie möglich zurück.
Euer Theodor (Seeräuberhauptmann)

In die Schatzkiste legt die Spielleitung einen Brief von einem alten Seefahrer, der an die Kinder adressiert ist. Darin erzählt der Seefahrer, dass er die Hälfte seines Schatzes verloren hat. Er bittet die Kinder, die andere Hälfte für ihn zu suchen. Die Schatzkiste wird verschnürt und mit der Anschrift des Kindergartens versehen.

Die Kinder sitzen im Kreis. Jetzt erzählt die Spielleitung, das am Morgen ein großes Paket vom Postboten im Kindergarten abgegeben wurde. Sie trägt das schwere Paket herein und stellt es in die Mitte. Tatsächlich, das Paket ist für die Kinder des Kindergartens! Neugierig öffnen alle den Karton und entdecken den Brief, den die Spielleitung den Kindern nun vorliest. Natürlich wollen die Kinder dem Seefahrer helfen, die andere Hälfte seines Schatzes wieder zu finden. Sie begeben sich auf die Suche und bemühen sich, von allen Dingen, die in der Schatzkiste sind, das zweite passende Teil zu finden und in die Schatzkiste zu legen. Dazu müssen sie auch einmal in den anderen Gruppenräumen, in der Küche, den Waschräumen oder im Büro suchen. Gerade Kinder, die neu in der Einrichtung sind, lernen so spielerisch den Kindergarten kennen und finden heraus, wo sich was befindet. Ist der Schatz wieder vollständig, schreiben wir gemeinsam einen Brief an den Seefahrer, legen ihn in die Schatzkiste, kleben eine neue Anschrift darauf und die Spielleitung verspricht, das Paket am Nachmittag zur Post zu bringen, damit der Seefahrer schon bald seinen Schatz wieder bekommt.

Paul will nicht in den Kindergarten

Anzahl: 6 und mehr Kinder
Material: ein Puppenbett und eine Puppe
Spielort: im Raum

Die Kinder sitzen im Kreis. In der Mitte steht ein Puppenbett. Darin liegt eine Puppe, eventuell mit Schlafanzug, Schlafmütze oder ähnlichem bekleidet. Nun beginnt eine kleine Spielaktion.

„Psst!" flüstert die Spielleitung und hält dabei lauschend eine Hand hinter das Ohr.
„Hört Ihr das nicht? Da schnarcht doch jemand? – Tatsächlich, da liegt ja noch der Paul in seinem Bett und schläft!"
Die Spielleitung zeigt auf die Puppe im Bett.
„Na, den werde ich aber mal schnell wecken. Er soll doch heute zum ersten Mal in den Kindergarten gehen."

Die Spielleitung tritt an das Puppenbett und weckt sanft den kleinen Paul. Aber der will gar nicht aufstehen. (Die Spielleitung fasst den Paul von hinten am Kopf und spielt mit der Puppe.) Paul erzählt den Kindern, dass er sich so sehr vor dem Kindergarten und all dem Neuen, was ihn dort erwartet, fürchtet. Da verkriecht er sich lieber ganz tief unter seiner Bettdecke und geht am besten gar nicht hin.

„Aber du brauchst doch keine Angst vor dem Kindergarten zu haben", sagt die Spielleitung. „Dort sind viele nette Kinder und die machen immer tolle Sachen zusammen."

Neugierig steht Paul aus seinem Bett auf und setzt sich auf den Schoß eines Kindes. Das Kind stellt sich vor und erzählt Paul nun ein wenig, was die Kinder jeden Tag im Kindergarten erleben und was Paul dort mitmachen kann. Aufmerksam hört Paul zu und wandert weiter zum nächsten Kind. Gemeinsam helfen die Kinder Paul, seine Angst zu überwinden. Am Ende möchte bestimmt auch Paul einmal den Kindergarten kennen lernen. Wir helfen Paul beim Anziehen und schon kann er mit uns spielen.

Im Anschluss an dieses kurze Puppenspiel oder am folgenden Tag erzählen die Kinder, wie es war, als sie das erste Mal in den Kindergarten gegangen sind. Wer kann sich noch daran erinnern? Hattet ihr auch so große Angst wie der kleine Paul?

Vielleicht kommen ja bald neue Kinder in die Gruppe und wir überlegen gemeinsam, wie wir ihnen helfen können, ihre Angst zu verlieren. Oder es sind gerade Kinder neu hinzugekommen. Wir fragen sie einmal, ob es ihnen auch noch so geht, wie dem kleinen Paul.

Hinweis: Die Puppe Paul (oder eine ähnliche Puppe) kann für die Kinder zu einem echten Freund in der Gruppe werden, die sie jeden Tag begleitet. Auch in anderen Situationen kann und sollte sie immer wieder mal von der Spielleitung mit einbezogen werden und mitspielen. Gerade neue Kinder finden in einer solchen Puppe, die mitspielt und in das Gruppengeschehen integriert ist, einen Freund, der ihnen in der ersten, manchmal etwas schweren Zeit im Kindergarten zur Seite steht.

Unsere Gruppe, das sind wir!

Anregungen und Spielvorschläge zum Thema Miteinander und Interaktion

In Kindergartengruppen treffen viele, zum Teil sehr unterschiedliche Kinder aufeinander. Gemeinsam bilden sie eine Gruppe, so verschieden sie auch sein mögen. Doch es ist nicht leicht, wirklich zu einer Gruppe zusammen zu wachsen. Ein Gruppengefühl kann nur dann entstehen, wenn Kinder lernen, aufeinander zuzugehen und miteinander in Kontakt zu treten. Spielerische Anregungen können dabei hilfreich sein:

◯ sich und die eigenen Gefühle kennen zu lernen

◯ sich innerhalb der Gruppe auszudrücken

◯ die anderen Kinder der Gruppe wahrzunehmen

◯ die Gefühle anderer kennen zu lernen

◯ den anderen anzunehmen und zu verstehen

◯ im lustvollen Miteinander zusammen zu wachsen

◯ Vertrauen zu lernen und liebevoll miteinander umzugehen

◯ sich als Gruppe zu finden und zu begreifen

Dieses Kapitel bietet zahlreiche Anregungen zum gemeinsamen Erleben innerhalb einer Gruppe. Die Spielideen lassen Kinder miteinander in Kontakt treten, Beziehungen werden geknüpft, Vertrauen geübt. Daher sollten diese „sozialen" Spiele in regelmäßigen Abständen die praktische Arbeit mit Kindern bereichern, denn sie bilden eine Grundlage für soziales Verhalten, fördern das gegenseitige Vertrauen und geben den Kindern ein Gefühl der Sicherheit und Geborgenheit. Auf diese Weise gehen Kinder in kleinen Schritten aufeinander zu und können so zu einer Gruppe wachsen.

Blindes Vertauen

▶ **Anzahl: 2 und mehr Kinder**
▶ **Material: —**
▶ **Spielort: großer Raum oder Turnhalle**

Die Kinder bilden Spielpaare und stellen sich mit dem Gesicht zueinander auf. Die einzelnen Paare verteilen sich im Raum. Jetzt strecken die beiden Kinder die Arme vor, sodass ihre Handflächen sich berühren. Bevor es losgeht, wird festgelegt, wer von beiden zuerst den anderen führen soll.

Durch sanften Druck auf die Hände des Partners führt nun eines der beiden Kinder das andere kreuz und quer durch den Raum. Dabei darf nicht gesprochen werden. Das geführte Kind geht bei dem Spiel rückwärts und muss sich ganz auf das andere Kind verlassen. Es sollte deshalb von der Spielleitung darauf geachtet werden, dass die Kinder einander nicht zu schnell führen. Ebenso muss das führende Kind auf die anderen Spielpaare achten, die sich noch im Raum befinden. Es dürfen nicht zwei Kinder zusammenstoßen. Nach einer gewissen Zeit tauschen die beiden ihre Rollen.

Haben die beiden zusammen spielenden Kinder Vertrauen zueinander gefasst, so kann das Spiel anschließend auch einmal mit geschlossenen Augen (Achtung: nicht verbundenen!) ausprobiert werden.

Skifahrt mit viel Gefühl

> **Anzahl:** 2 und mehr Kinder
> **Material:** je Spielpaar ein Zeitungsbogen
> **Spielort:** Gruppenraum oder Turnhalle

Dieses Spiel ist nur in einem Raum mit glattem Boden durchführbar. Es werden Spielpaare gebildet, die sich an der einen Seite des Raumes aufstellen. Jedes Paar erhält einen doppelten Bogen Zeitungspapier. Dieser wird in der Mitte in zwei einzelne Seiten zerrissen und auf den Boden gelegt. Nun stellen sich die beiden Kinder hintereinander mit einem Fuß auf das eine Zeitungsblatt, mit dem anderen Fuß auf das zweite Blatt. Das hintere Kind fasst das Vordere um die Taille. Gemeinsam versuchen sie, auf diesen merkwürdigen Skiern den Raum zu durchqueren. Natürlich dürfen die beiden Kinder weder die Skier verlieren, noch dürfen diese auf der „Piste" zerreißen. Nur Paaren, die einen gemeinsamen Rhythmus finden und sich aufeinander abstimmen, wird diese Aufgabe gelingen.

Am dünnen Faden

> **Anzahl:** 2 und mehr Kinder
> **Material:** etwas dünne Wolle
> **Spielort:** Gruppenraum, Turnhalle oder Außengelände

In einem genügend großen Raum oder am besten in der Turnhalle wird gemeinsam mit den Kindern ein Hindernisparcours aufgebaut. Hier werden verschiedene Spiel- und Turngeräte zu einer spannenden Wegstrecke zusammengestellt. Dabei sollte darauf geachtet werden, dass die Kinder sowohl über, als auch unter oder durch ein Hindernis klettern müssen.

Die Kinder bilden Spielpaare und stellen sich nebeneinander am Anfang des Parcours auf. Die beiden Kinder werden von der Spielleitung durch einen dünnen Wollfaden an den Knöcheln zusammen gebunden. Gemeinsam haben sie die Aufgabe, den Hindernisparcours zu überwinden, ohne dass der dünne Wollfaden dabei zerreißt.

Helfende Signale

> Anzahl: 2 und mehr Kinder
> Material: Klebeband oder Kreide, Halstuch,
> evtl. Seil und Instrument
> Spielort: großer Raum oder Turnhalle

Auf den Boden des Raumes wird mit Klebeband oder Kreide ein geschlängelter Weg geklebt. Zwei Kinder nehmen an der einen Seite des Raumes Aufstellung. Sie bestreiten die erste Spielrunde, die übrigen Kinder setzen sich an den Rand als Beobachter. Bei diesem Spiel muss es sehr leise sein.

Eines der beiden Kinder schließt die Augen. Das andere Kind soll das „Blinde" den Weg entlang durch den Raum bis zur anderen Raumseite dirigieren. Dabei gibt es verschiedene Möglichkeiten, die von den Kindern einmal ausprobiert werden können:

❍ Das führende Kind stellt sich hinter das „Blinde", legt seine Hände auf die Schultern des Mitspielers und lenkt ihn so ohne Worte bis zur anderen Seite.

❍ Das führende Kind läuft rückwärts vor dem „Blinden" her und gibt durch Signale (mit den Fingern schnippen, ständiges Flüstern des Namens, in die Hände klatschen etc.) die Richtung an. Auch ein Instrument kann hierzu verwendet werden.

❍ Die Bäuche der beiden Kinder werden durch ein Seil mit einem Abstand von ca. 1 Meter verbunden. So wird das „blinde" Kind die Wegstrecke entlang geleitet.

Anschließend tauschen die beiden Kinder die Rollen. Danach bestreiten zwei weitere Kinder den Weg.

Kleine Detektive

> Anzahl: 2 und mehr Kinder
> Material: —
> Spielort: Gruppenraum

Manchmal nehmen wir einander gar nicht so richtig wahr, betrachten uns nur sehr flüchtig und bemerken daher oft kleinere Veränderungen nicht. Mit diesem Spiel kann dieses Verhalten Kindern sehr schön verdeutlicht werden.

Die Kinder stellen sich zu zweit mit dem Gesicht zueinander auf. Die Spielleitung fordert die Kinder zunächst auf, ihren jeweiligen Partner genau zu betrachten. Nun kehren die Kinder einander den Rücken zu. Jedes Kind soll bei sich ein bis drei Kleinigkeiten (je nach Alter der Kinder) verändern. Es kann etwas verkehrt herum angezogen werden, aufgeknöpft, verdreht, ausgezogen, hochgekrempelt werden. Die Spielleitung sollte bei jüngeren Kindern mit kleinen Tipps helfen. Sind alle fertig, drehen sich die Kinder wieder um. Wer findet heraus, was sich beim anderen verändert hat?

Variante für Kinder ab 6 Jahren:

Die Kinder bilden zwei Gruppen, die sich nebeneinander in zwei Reihen mit den Gesichtern zueinander aufstellen. In jeder Gruppe sollten nicht mehr als fünf Kinder sein. Wie oben beschrieben, betrachten die Kinder einander, jedoch versucht jeder, sich bei allen Kindern der anderen Gruppe möglichst viele Dinge zu merken. Dann kehren die Gruppen einander den Rücken zu und verändern gemeinsam als Gruppe fünf Kleinigkeiten.

Stehauf-Pärchen

> Anzahl: 2 und mehr Kinder
> Material: —
> Spielort: im Raum oder draußen

Jeweils zwei Kinder setzen sich mit dem Gesicht zueinander gegenüber auf den Boden. Ihre Füße stellen die Kinder an die Füße ihres Gegenübers. Die Beine sind leicht angewinkelt. Jetzt reichen die Kinder einander die Hände. Auf ein vereinbartes Zeichen hin, versuchen sie, die Füße gegeneinander zu drücken und so gleichzeitig aufzustehen und sich dann wieder hin zu setzen. Damit dies gelingt, müssen die beiden Kinder sich gut aufeinander abstimmen und beide gleichzeitig ihren Körper in die Rückenlage bringen.

Hinweis: Kinder, die zusammen spielen, sollten in etwa gleich groß sein.

Ausgeschlossen

> Anzahl: 6 und mehr Spieler
> Material: —
> Spielort: im Raum

Die Kinder werden in zwei gleich große Gruppen eingeteilt. Eine Gruppe stellt sich zu einem Kreis auf, die Rücken weisen zur Kreismitte und die Arme der Kinder sind miteinander verhakt. Der Kreis ist also fest verschlossen. Die zweite Gruppe hat die Aufgabe, in den Kreis einzudringen. Anschließend tauschen die beiden Gruppen ihre Rollen. Die Spielleitung sollte das Spiel als Beobachter begleiten und bei möglichen Eskalationen einschreiten.

Armschranke

> Anzahl: 2 und mehr Kinder
> Material: —
> Spielort: im Raum

Die Kinder bilden Spielpaare. Eines der beiden Kinder stellt sich aufrecht vor das andere und verschränkt seine Arme fest vor der Brust. Das andere Kind versucht, die verschränkten Arme des anderen zu öffnen. Sein Spielpartner hält dagegen. Anschließend tauschen die beiden ihre Rollen.

Hinweis: Die beiden Spiele „Armschranke" und „Ausgeschlossen" machen Kindern sehr schön deutlich, was Ausgrenzung eigentlich bedeutet und welche Gefühle bei den Beteiligten entstehen.

Ein anschließendes Gespräch mit den Kindern über ihre Gefühle bei diesen Spielen ist daher sehr wichtig und darf nicht versäumt werden.

Gleiches zu Gleichem

> **Anzahl: 6 und mehr Kinder**
> **Material: schnelle Musik**
> **Spielort: im Raum**

Bei diesem Tanzspiel sollen die Kinder sich schnell zu Gruppen zusammen finden, Gemeinsamkeiten und Unterschiede zu anderen werden im Spiel deutlich.

Zu einer schnellen Musik bewegen sich die Kinder tanzend im Raum. Wenn die Musik stoppt, gibt die Spielleitung jeweils einen Impuls in die Gruppe:

○ alle Kinder, die gleich groß sind, stellen sich schnell zusammen
○ alle Kinder, die gleich große Füße haben, ...
○ alle Kinder, die das gleiche Lieblingstier haben, ...

Weitere Impulse könnten sein: gleiche Haarfarbe – gleich viele Geschwister – gleiche Lieblingsfarbe – Lieblingsessen – gleiche Augenfarbe – gleich große Hände etc.

Damit die Kinder sich zu Gruppen finden können, ist es erlaubt, sich laut verständlich zu machen. Haben sich die Gruppen gefunden, wird geprüft, ob Gleiches zu Gleichem gefunden hat. Dann setzt die Musik wieder ein und die Kinder tanzen weiter bis zum nächsten Stopp.

Wer gehört zu mir?

> **Anzahl: 6 und mehr Kinder**
> **Material: ein Memoryspiel, bewegte Musik**
> **Spielort: im Raum**

Jedes Kind erhält eine Memorykarte. Es werden jeweils Kartenpaare an die Kinder verteilt, es sollte also immer zu einer Memorykarte eine entsprechende gleiche Karte im Spiel sein (zwei Vögel, zwei Tiger usw.).

Zu einer bewegten Musik tanzen die Kinder im Raum. Während sie tanzen, wird mit anderen Kindern, denen sie begegnen, die Memorykarte getauscht. Setzt die Musik aus, so müssen die Kinder schnell das Kind mit der gleichen Memorykarte finden. Dazu dürfen sie ihre Karte hoch in die Luft halten und ihr Symbol oder Tier ausrufen. Haben

zwei Kinder zueinander gefunden, fassen sie sich bei den Händen und setzen sich auf den Boden. Erst wenn alle Kinder mit ihren jeweiligen Partnern Platz genommen haben, ertönt wieder die Musik und die zweite Tauschrunde kann beginnen.

Der Puzzletanz

> **Anzahl: 10 und mehr Kinder**
> **Material: je Spielgruppe ein Puzzle**
> **Spielort: im Raum**

Die Kinder werden in gleich große Gruppen mit mindestens fünf Kindern eingeteilt. Für jede Spielgruppe hat die Spielleitung aus Fotokarton ein Puzzle angefertigt. Der Fotokarton jeder Gruppe hat eine andere Farbe. Für jedes Kind ist ein Puzzleteil vorhanden. Die Puzzleteile werden an die Kinder verteilt. Dabei dürfen die Kinder nicht sehen, was die fertigen Puzzle darstellen.

Nun wird eine Musik eingespielt. Während die Musik läuft, tauschen die Kinder untereinander die Puzzleteile. Stoppt die Musik, müssen sich die Kinder mit der gleichen Puzzlefarbe zu einer Gruppe zusammen finden. Jetzt heißt es, auf dem Boden schnell das Puzzle gemeinsam fertig zu stellen. Sind alle Puzzles auf dem Boden zusammen gesetzt, betrachten wir gemeinsam die Ergebnisse. Anschließend erhält jedes Kind wieder ein Puzzleteil und die Musik erklingt zur zweiten Spielrunde.

Lass dich einfach fallen!

> **Anzahl: mindestens 6 Kinder**
> **Material: pro Kind ein Kissen**
> **Spielort: im Raum (Teppichboden) oder draußen (Sandbereich oder Rasen)**

Die Kinder stellen sich in einem engen, geschlossenen Kreis mit den Gesichtern zueinander auf. Jedes Kind im Kreis hält vor seinem Bauch ein Kissen. Ein Kind stellt sich in die Kreismitte.

Die Spielleitung fordert das Kind auf, die Augen zu schließen und ganz ruhig zu atmen. Nach einiger Zeit beginnen die Kinder im Kreis, das Kind in der Mitte ganz sanft mit ihren Kissen in Bewegung zu bringen. Dazu schubsen sie es behutsam von einem zum anderen. Langsam wird das Schaukeln etwas stärker und flacht dann ganz sanft ab, bis das Kind in der Mitte wieder zur Ruhe kommt, indem alle gemeinsam ihr Kissen eng an den Körper des Kindes legen.

Dieses Spiel erfordert viel Vertrauen. Es sollten daher nur Freiwillige in die Mitte des Kreises gehen. Mit einer ruhigen Entspannungsmusik kann dieses Spiel ruhiger gestaltet werden. Die Kinder schaukeln das Kind behutsamer und beginnen nicht, es wild hin und her zu stoßen. Kinder, die schon etwas Erfahrung mit diesem Spiel haben, können es auch folgendermaßen spielen.

Variante: Die Kinder stellen sich, wie oben beschrieben auf, jedoch halten sie nun ihre Hände vor den Körper (keine Kissen). Nachdem das Kind in der Mitte die Augen geschlossen hat, lässt es sich rückwärts fallen und wird von den Kindern im Kreis aufgefangen und von einem zum anderen geschaukelt. Dabei sollte der Kreis sehr eng sein und die Kinder müssen einander helfen und am besten das Kind jeweils zu zweit auffangen, damit es nicht fällt.

Hau ab, ich mag dich nicht!

> **Anzahl: mindestens 6 Kinder**
> **Material: einige Kissen, Halstücher oder Schals**
> **Spielort: im Raum oder auch draußen**

Als Gegensatz zum oben beschriebenen Spiel lässt sich anschließend gut „Hau ab, ich mag dich nicht!" durchführen. Die beiden Spiele machen Kindern spielerisch sehr schön den Unterschied zwischen gemocht werden / Vertrauen haben und Ablehnung / ausgeschlossen sein deutlich.

Ein Kind aus der Gruppe wird mit Kissen an Bauch und Rücken, Armen und Beinen ausgepolstert. Dazu werden Kissen unter den Pullover gestopft und mit Hilfe von Halstüchern an Armen und Beinen befestigt. Das so ausstaffierte und geschützte Kind stellt sich wie im vorangehenden Spiel beschrieben in die Kreismitte. Die Kinder beginnen nun, dieses Kind in ihrer Mitte hin und her zu schubsen und zu stoßen. Beschimpfungen wie: *„Hau ab! Mach das du weg kommst! Verschwinde! Weg da!"* sind erlaubt. Es darf so lang weiter geschubst werden, bis das Kind in der Mitte *„Halt!"* ruft.

Im Anschluss an beide Spiele **muss** ein Gespräch stattfinden. Folgende Fragen können dabei hilfreich sein:

Wie haben sich die Kinder in der Mitte bei beiden Spielen gefühlt, wie die Kinder im Kreis?

Hat sich jemand schon einmal so herumgeschubst und ausgeschlossen gefühlt? Fallen euch Situationen bei uns im Kindergarten / in der Gruppe ein, wo ihr oder andere sich schon einmal so gefühlt haben könnten? (Sammelt gemeinsam Beispiele aus dem Alltag) Habt ihr euch schon einmal so geborgen gefühlt wie bei dem ersten Spiel?

Platz für zwei?

> **Anzahl: 4 und mehr Kinder**
> **Material: Wollreste, Kreide oder Klebeband**
> **Spielort: im Raum**

In einem mit Teppich ausgelegten Raum werden mit Wollfäden zahlreiche Wege auf dem Boden ausgelegt, die sich kreuzen sollen. Diese Wege können ebenso mit Kreide oder Klebeband markiert werden.

Die Kinder stellen sich im Raum verteilt auf einen der Wege. Die Spielleitung bittet die Kinder zu einem Spaziergang auf den Wegen. Dabei kommt es zu Begegnungen mit anderen Kindern. Niemand darf die Wege verlassen. Also heißt es zunächst: immer wenn euch jemand auf einem Weg begegnet, versucht, euch aneinander vorbei zu winden, ohne das einer von euch beiden den Weg verlässt. Bei dieser Variante sollen die Kinder sich also gegenseitig helfen. Die Spielleitung unterbricht das Spiel und verändert nun die Aufgabenstellung: immer, wenn ihr jetzt jemandem begegnet, verschränkt die Arme vor eurem Körper und versucht, ihn von „eurem" Weg zu verscheuchen. Das ist euer Weg, dort hat niemand etwas zu suchen.

Auch im Anschluss an dieses Spiel sollte ein Gespräch über die beiden Varianten stattfinden.

Die lebendige Schaukel

> Anzahl: 6 und mehr Kinder
> Material: ein dickes, langes Rundseil,
> Länge ca. 10 - 12 Meter
> Spielort: großer Raum oder Turnhalle

Die Kinder setzen sich in einem Kreis auf den Boden, ihre Beine sind dabei ausgestreckt und weisen zur Kreismitte. Das Seil wird hinter den Rücken der Kinder hergeführt. Alle Kinder fassen das Rundseil seitlich mit beiden Händen an. Das Seil sollte stramm, aber nicht zu gespannt hinter den Rücken der Kinder herlaufen.

Langsam lehnen sich die Kinder gleichzeitig zurück und beginnen gemeinsam zu schaukeln, nach links und rechts, sie wippen vor und zurück. Immer wieder geben andere Kinder neue Impulse in die Gruppe. Nach einiger Zeit haben die Kinder einen schaukelnden Rhythmus gefunden. Eine ruhige Entspannungsmusik im Hintergrund unterstützt das Spiel und lässt das Schunkeln nicht zu einem wilden Spiel werden. Nun fordert die Spielleitung die Kinder auf, die Augen zu schließen, dabei aber ruhig weiter zu schaukeln. Die Kinder spüren in der gemeinsamen Bewegung die Verbundenheit mit den anderen. Auch eine kleine Geschichte kann von der Spielleitung erzählt werden, während die Kinder weiter schaukeln:

„Schließt eure Augen und stellt euch einmal vor, ihr seid alle zusammen auf einem alten großen Schiff. Euer Schiff befindet sich weit draußen auf dem Meer. Das Schiff schaukelt ganz leicht und ruhig auf den Wellen. Die See ist ganz sanft. Über euch leuchtet der Himmel in einem strahlenden Blau. Es ist sehr heiß. Kaum ein Luftzug ist zu spüren. Ihr schaukelt auf eurem Schiff ganz friedlich dahin. Doch langsam kommt Wind auf. Zuerst ist der Wind noch ganz schwach, doch schon bald wird er stärker und stärker. Auch der blaue Himmel über euch ist verschwunden. Ein Sturm zieht herauf. Der Wind weht jetzt sehr stark. Die Wellen schlagen gegen euer Schiff und es bewegt sich auf den Wellen hoch und nieder. Spürt einmal, wie stark die Wellen das Schiff im Sturm schaukeln lassen. Nach einiger Zeit lässt der Sturm nach. Auch der Wind bläst bald nur noch leicht und euer Schiff treibt wieder sanft auf den Wellen dahin. Öffnet langsam die Augen und kehrt zurück in den Raum".

Zwischen den einzelnen Erzählpassagen sollte die Spielleitung jeweils kleinere Pausen einlegen, sodass die Kinder ausreichend Zeit haben, die Bewegungen, die sich aus dem aufkommenden Sturm ergeben, durchzuführen, d.h. das Schaukeln bis zum Sturm zu steigern und anschließend wieder abklingen zu lassen. Bei diesem Spiel sollte die Spielleitung mit im Kreis sitzen, die Bewegungsimpulse unterstützen und zu heftige Bewegungen gegebenenfalls ausgleichen.

Spaziergang durch die Gasse

Anzahl: 8 und mehr Kinder
Material: Kissen
Spielort: im Raum

Die Kinder stellen sich in zwei Reihen gegenüber auf. In ihrer Mitte entsteht eine Gasse. Jedes der Kinder hält ein Kissen vor seinem Körper. Ein Kind darf nun langsam durch diese Gasse gehen. Dabei kann sich die Gangart verändern:

○ einmal ganz schnell durch die Gasse gehen. Das Kind wird von niemandem berührt.

○ ganz langsam durch die Gasse schreiten. Dabei die Gassensteher einzeln betrachten.

○ mit geschlossenen Augen durchläuft das Kind die Gasse. Es wird wieder von niemandem berührt.

○ das Kind durchquert die Gasse mit geschlossenen Augen. Die Gassensteher geleiten das Kind sanft weiter, indem sie es mit ihren Kissen lenken und leicht vorwärts stubsen. (enge Gasse bilden!)

○ das Kind durchschreitet langsam die Gasse mit geöffneten Augen. Die anderen schubsen es wild von einem zu anderen weiter (mit und ohne Kissen).

○ die Gasse ist ganz eng und das Kind muss versuchen, sich durch die Gasse hindurch zu zwängen.

○ die Gassensteher haben statt der Kissen Federn in den Händen. Das Kind wird beim Gang durch die Gasse mit den Federn sanft gekitzelt.

Ein Kind, das durch die Gasse läuft, sollte mindestens zwei verschiedene Gassengänge zurücklegen. Jedes Kind sollte selbst die Gangart wählen und festlegen können.

Hinweis: Dieser Spaziergang durch die Gasse erfordert Mut. Es ist deshalb wichtig, dass die Kinder sich freiwillig dazu entscheiden.

Kommst du zu mir, komm ich zu dir!

Anzahl: 4 und mehr Kinder
Material: Wollreste in einer Farbe, farbige Bänder, Luftballons
Spielort: Gruppenraum oder Turnhalle

Aus vielen langen Wollfäden einer Farbe spannt die Spielleitung ein Fadennetz kreuz und quer im Raum. Die Fäden müssen dabei über und untereinander herlaufen, einander kreuzen, unter Tischen, Stühlen, Turnbänken und dergleichen herführen. Der Anfang und das Ende jeden Fadens wird an zwei gegenüber liegenden Wänden an Tür- oder Fenstergriffen, Schränken oder Regalen festgebunden und mit einem farbigen Band oder Luftballon markiert, damit man ihn wieder findet. Für jedes Spielpaar muss ein Wollfaden gespannt werden.
Jetzt werden die Kinder in den Raum geführt. Jedes Kind nimmt an einem Luftballon, also an einem Fadenende Aufstellung. Auf ein Startzeichen hin hangeln die Kinder sich an ihrem Wollfaden entlang. Dabei müssen sie stets der Fadenführung folgen und die Hindernisse entsprechend passieren, bis sie schließlich mit dem Kind, das am anderen Ende des Fadens gestartet ist, zusammen treffen. Für die Kinder ist es dabei besonders spannend zu sehen, wer ihm da entgegen kommt.

1. Variante für Kinder ab 6 Jahren:
Jetzt müssen die Kinder den Wollfaden, an dem sie starten in die Hand nehmen und so schnell wie möglich aufwickeln. Die Wegstrecken und Hindernisse müssen natürlich genauso bewältigt werden.

2. Variante für Kinder ab 6 Jahren:
Die Kinder werden in zwei Gruppen eingeteilt. Die eine Hälfte der Gruppe stellt sich im Raum verteilt als einzelne Statuen oder auch gemeinsam als eine ineinander verschachtelte, große Statue auf. Die Hindernisse, durch die die Wollfäden geführt werden, bilden also die Kinder der 2. Gruppe. Haben die Statuen ihre festen Positionen eingenommen, erstarren sie in dieser Haltung. Jetzt kann die Spielleitung, wie oben beschrieben, die Wollfäden spannen, und zwar kreuz und quer durch die „Statuen". Wie in der ersten Spielvariante sollen die Kinder der 2. Gruppe nun die Fäden aufwickeln. Anschließend tauschen die Spielgruppen die Rollen.

Das Schwein ist krank

Anzahl: 6 und mehr Kinder
Material: Matratze oder Weichbodenmatte, schnelle Musik
Spielort: großer Raum oder Turnhalle

Die Kinder stellen bei diesem Spiel verschiedene Tiere dar. Jedes Kind ist ein anderes Tier. Die Verteilung wird von der Spielleitung vorgenommen. Eine Matratze oder Weichbodenmatte wird in die Mitte des Raumes gelegt. Die Spielleitung erzählt den Kindern, dass auch die Tiere manchmal schwer erkranken können. Wie wichtig ist es dann, gute Freunde zu haben, die einem helfen, schnell wieder gesund zu werden und auf die Beine zu kommen. Das soll in einem Spiel ausprobiert werden.

Zu einer schnellen Musik bewegen sich die Tiere wild im Raum umher. Wenn die Musik aussetzt, ruft die Spielleitung ein Tier aus z. B.: „Das Schwein ist krank!" Schnell lässt sich das Schwein sehr theatralisch und mit lautem Grunzen auf die Matratze fallen. Doch zum Glück sind schon bald die helfenden Freunde zur Stelle. Die übrigen Tiere eilen schnell herbei und helfen dem kranken Schwein wieder auf die Beine. Die Musik setzt wieder ein, alle Tiere tanzen fröhlich weiter bis schon bald das nächste Tier erkrankt.

Viele neue Freunde

Anzahl: 6 und mehr Kinder
Material: —
Spielort: im Raum oder draußen

Die Kinder bilden einen Kreis. Eines der Kinder steht in der Mitte. Alle Kinder singen gemeinsam das folgende Lied. Dazu dreht sich das Kind in der Mitte mit ausgestrecktem Arm. Auf wen der Zeigefinger am Ende des Liedes zeigt, der geht in der nächsten Runde des Singspieles in die Mitte.

Melodie: *„Dreh dich kleiner Kreisel"*

Text: *„Viele neue Freunde*
                  Finde ich im Nu.
                  Ein Freund von mir.
                  Ein Freund von mir.
                  Ein Freund von mir bist du!"

Das magische Seil

> **Anzahl: mindestens 8 Kinder**
> **Material: ein langes Seil, Strohhalme, ein**
> **Tischtennisball (oder Watte)**
> **Spielort: großer Raum oder Turnhalle**

Alle Kinder sitzen in einem engen Kreis beisammen. Eines der Kinder hält den Anfang des langen Seils in den Händen. Es hat die Aufgabe, das Seil durch ein Kleidungsstück zu ziehen und anschließend im Kreis weiter zu reichen. So wird das Seil bei jedem Kind erst durch ein Kleidungsstück gezogen und dann zum nächsten Kind weiter gereicht. Wer schon in die Seilkette eingeflochten wurde, muss mithelfen, damit das Seil immer weiter geführt werden kann. Schließlich gelangt das Seil wieder beim ersten Kind an. Das Seil kann durch Hosenbeine, Gürtel, Pullover, Schnürsenkel und Ähnliches gezogen werden.

Nun stellt die Spielleitung zwei Kindern aus dem Kreis eine Aufgabe:

○ mit Strohhalmen sollen sie versuchen, einen Tischtennisball aus der Mitte weg zu pusten

○ mit Strohhalmen sollen Papierschnipsel, die in der Mitte auf einem Haufen liegen, auf eine Seite transportiert werden

Während die beiden Kinder in der Mitte des Kreises die Aufgabe lösen, müssen die anderen sich entsprechend mit bewegen, denn schließlich sind alle durch das Seil miteinander verbunden. Auch für die ganze Gruppe kann eine Aufgabe gestellt werden, die sie, mit dem Seil verbunden, bewältigen muss:

○ gemeinsam den Raum durchqueren und dabei über allerlei Hindernisse steigen, die zuvor aufgebaut wurden (Turngeräte oder Ähnliches)

○ zusammen einen Kreistanz durchführen

○ sich rechts und links herum im Kreis bewegen

Sag, wo kommst du her?

Spiele und Anregungen zur interkulturellen Erziehung

In vielen Kindergärten finden sich heute Kinder verschiedenster Nationalitäten zusammen. Grundverschiedene Kulturen treffen dabei manchmal aufeinander. Dies kann zu Spannungen, Schwierigkeiten und Konflikten führen: Sprachprobleme, mangelnde Mitwirkung der Eltern, das Rollenverhalten von Jungen und Mädchen, Vorurteile und Ängste der Eltern und Kinder sollen hier nur als einige mögliche Ursachen genannt werden.

Unterschiedliche Kulturen und eine Vielzahl von Nationalitäten unter einem Dach können aber auch eine Chance sein, etwas über andere Länder, Menschen und Lebensgewohnheiten zu erfahren. Dazu muss die Bereitschaft entwickelt werden, mit Neugier einander zu begegnen und eventuell vorhandene Vorurteile über Bord zu werfen. Kinder haben diese Vorurteile ohnehin nicht. Sie begegnen einander unvoreingenommen und offen. Erst die Ängste und das Zögern der Erwachsenen führt auch bei den Kindern dazu, Mauern zwischen sich aufzubauen, wo vorher Brücken waren.

Die Neugier der Kinder auf das Unbekannte, Fremde und daher Interessante sollte genutzt werden, etwas voneinander zu erfahren, andere Kulturen zu begreifen und im Spiel zu erleben. Heute sollte interkulturelle Erziehung ein fester Bestandteil der pädagogischen Arbeit sein. Dieses Kapitel bietet Anregungen zum spielerischen Einstieg in das Thema. Im Anschluss daran eignen sich vor allem die Spielvorschläge des Kapitels: *Unsere Gruppe, das sind wir!*, um als Gruppe zusammenzuwachsen und eine Gruppe zu werden.

Hallo und Guten Morgen

Anzahl: beliebig
Material: —
Spielort: im Raum

Die Spielleitung hat z.B. in der Stadtbibliothek in Fremdwörterbüchern nachgeschlagen und herausgesucht, was „Guten Morgen" in verschiedenen Sprachen heißt.

Im Stuhlkreis beschließen wir, uns jede Woche in einer anderen Sprache zu begrüßen. Die Spielleitung erzählt, das „Guten Morgen" zum Beispiel auf Italienisch „Buon Giorno" heißt und wir üben gemeinsam die Aussprache. Schon am nächsten Tag begrüßen wir einander auf Italienisch. Auch Besucher, Eltern und Kinder der anderen Gruppen werden so von uns begrüßt. Nach einer Woche lernen wir das „Guten Morgen" in einer anderen Sprache.

Karade, Denizde, Havada

> **Anzahl: 6 und mehr Kinder**
> **Material: ein Ball**
> **Spielort: im Raum oder draußen**

Bei diesem türkischen Spiel werden zunächst von der Spielleitung die Bedeutung der drei Begriffe des Spieltitels erklärt und anschließend mit den Kindern gemeinsam einstudiert.

Karade bedeutet: auf der Erde
Denizde bedeutet: im Wasser
Havada bedeutet: in der Luft

Die Kinder sprechen die Wörter einige Male gemeinsam aus. Danach stellen sich alle im Kreis auf. Die Spielleitung ist mit einem Ball in der Mitte. Sie wirft den Ball einem der Kinder zu. Dabei ruft sie einen der drei Begriffe, beispielsweise: „Denizde". Schnell muss das Kind den Ball fangen und ein Tier nennen, das im Wasser lebt und dann den Ball zurück werfen. Nennt das Kind ein falsches Tier, so muss es in die Mitte und die zweite Spielrunde beginnt.

Dinge aus aller Welt

> **Anzahl: 8 und mehr Kinder**
> **Material: verschiedene Materialien oder Lebensmittel aus fremden Ländern**
> **Spielort: im Raum**

Die Spielleitung hat verschiedene Gegenstände mitgebracht, die aus den unterschiedlichsten Ländern stammen.

Die Kinder sitzen im Stuhlkreis beisammen. Die mitgebrachten Gegenstände sind in der Mitte ausgebreitet. Alle betrachten die Dinge. Wer eine Idee hat, aus welchem Land ein Teil stammt, tritt in den Kreis, hält den Gegenstand hoch und sagt, auf welches Herkunftsland er tippt. Anschließend betrachten die Kinder die mitgebrachten Sachen. Die Spielleitung erzählt, wo die Materialien herkommen. Auf einer großen Landkarte oder einem Globus suchen wir die Länder. Es kann auch mit den Kindern gemeinsam auf großen Papierbögen eine Weltkarte angefertigt und im Gruppenraum aufgehängt werden. So eine Karte ist für den Bereich „interkulturelle Erziehung" sehr hilfreich und bietet immer wieder die Möglichkeit, Kindern etwas anhand der Weltkarte zu verdeutlichen. Nachdem die Spielleitung erklärt hat, aus welchen Ländern und von welchen Kontinenten die mitgebrachten Gegenstände stammen, werden anschließend kleine Pappkärtchen angefertigt. Darauf malen die Kinder die mitgebrachten Gegenstände aus der Kreismitte und kleben sie danach auf die Weltkarte in das entsprechende Herkunftsland.

Mögliche Produkte sind: Obst und Gemüse aus verschiedenen Ländern, Instrumente, Kleidung, etc.

Zuletzt machen wir ein internationales Frühstück mit Leckereien aus verschiedenen Ländern.

Kinder dieser Erde

> **Anzahl: 4 und mehr Kinder**
> **Material: verschiedene Bilderbücher**
> **Spielort: im Raum**

In einer Buchreihe werden über einen längeren Zeitraum Bücher vorgestellt, die vom Leben der Kinder in verschiedenen Ländern erzählen. In Stadtbibliotheken finden sich hierzu zahlreiche interessante Bilderbücher. Zu jedem Bilderbuch darf ein Kind aus der Gruppe ein Bild malen. Die Bilder kleben wir auf die entsprechende Stelle unserer Weltkarte.

Nachdem unsere Weltkarte nach und nach immer bunter geworden ist, betrachten wir gemeinsam die gemalten Bilder. Die Kinder erzählen einander, welches Bild sie gemalt haben und was ihnen noch über das Bilderbuch in Erinnerung geblieben ist. Wir vergleichen das Leben der Kinder miteinander, stellen Unterschiede und Gemeinsamkeiten fest. Vielleicht gibt es Kinder in der Gruppe, die in einem anderen Land geboren sind und den anderen etwas erzählen können, über ihre Heimat und wie die Kinder dort leben.

Von Kontinent zu Kontinent

> **Anzahl:** 6 und mehr Kinder
> **Material:** Kreide, Musik
> **Spielort:** großer Raum oder Turnhalle

Auf den Boden malt die Spielleitung mit Kreide zunächst die Umrisse der Kontinente. Sie sollten etwas Abstand zueinander haben.

Die Spielleitung fordert die Kinder zu einem Besuch der Kontinente auf. Gemeinsam wandern alle von Kontinent zu Kontinent. Sind alle Kinder beispielsweise auf dem Kontinent Afrika angelangt, begrüßen sie ihn mit einem lauten *„Hallo Afrika!"*. Jetzt suchen sich die Kinder, jedes für sich, einen Startplatz auf einem der Kontinente. Die Spielleitung fordert die Kinder auf, ihre Flugzeuge zu starten und loszufliegen. Eine Musik wird eingespielt. Dazu fliegen die Kinder mit ausgebreiteten Armen wie Flugzeuge durch den Raum. Wenn die Musik stoppt, ruft die Spielleitung zum Beispiel: *„Hallo Australien!"*. Sofort müssen die Kinder nach Australien fliegen und mit ihrem Flugzeug dort landen, sich also schnell hinsetzen, und den Kontinent mit einem lauten *„Hallo Australien!"* begrüßen. Wenn die Musik wieder erklingt, starten die Flugzeuge ihre Weiterreise bis zum nächsten Musikstopp.

Einmal um die ganze Welt

> **Anzahl:** 5 Kinder und mehr
> **Material:** ein Ball
> **Spielort:** draußen oder im Raum

Je fünf Kinder spielen zusammen. Sie stellen sich im großen Kreis auf. Eines der Kinder platziert sich mit dem Ball in der Kreismitte. Die Kinder verteilen untereinander die Namen der fünf Kontinente (ohne Grönland). Niklas wird Asien, Jana wird Europa usw. Jedes Kind muss sich gut merken, welchen Kontinent es darstellt. Das Kind in der Mitte wirft den Ball hoch in die Luft und ruft dabei den Namen eines Kontinents. Schnell muss das entsprechende Kind in die Mitte eilen und den Ball auffangen, ehe er auf dem Boden landet. Hat es den Ball gefangen, wirft es ihn zum Kind in der Mitte zurück. Das Kind in der Mitte ist dann noch einmal an der Reihe. Landet der Ball jedoch auf dem Boden, so tritt das genannte Kind in die Mitte und ruft den nächsten Kontinent auf.

Eine Reise um die Welt

Spielabenteuer in verschiedenen Ländern

Im Folgenden sind verschiedene Spiele zusammengestellt, die einzelne Aspekte eines Landes im Spiel aufgreifen und so Kindern vermitteln. Diese Spiele können einzeln durchgeführt werden. Sie können aber auch miteinander zu einer *„Reise um die Welt"* verknüpft werden. In diesem Fall sollte die Spielleitung die Kinder zu Beginn einladen, mit ihr eine Weltreise zu machen, um zu erfahren, was es in den fremden Ländern alles zu entdecken gibt.

Gemeinsam machen die Mitspieler sich auf die Reise. Dabei können verschiedene Transportmöglichkeiten gewählt werden, die von allen zusammen, unter Anweisung der Spielleitung dargestellt und jeweils von Station zu Station variiert werden können.

Mit dem Zug: die Kinder stellen sich hintereinander auf und fassen das jeweils vor ihnen stehende Kind an den Schultern. Langsam setzt sich der Zug schlängelnd durch den Raum in Bewegung bis er im ersten Land der Reise ankommt. Die Kinder steigen pantomimisch aus dem Zug und die Spielleitung stellt das Land vor und alle spielen zusammen das Spiel des Landes.

Mit dem Flugzeug: die Kinder breiten die Arme aus, starten geräuschvoll den Motor und die Flugzeuge sausen durch die Luft bis sie von der Spielleitung zur ersten Landung aufgefordert werden (evtl. hierbei schnelle, rhythmische Musik einspielen).

Mit dem Floß: die Kinder setzen sich auf ein ausgebreitetes Schwungtuch oder Betttuch auf den Boden, holen ihr Paddel hervor und fahren los (pantomimisch). Eines der Kinder könnte als Segel mit ausgebreiteten Armen in der Mitte des Floßes stehen. Die Spielleitung sitzt ebenfalls auf dem Floß und steuert es vorbei an Stromschnellen, Wasserfällen und riesigen Felsbrocken, die plötzlich im Wasser auftauchen, bis zur Ankunft im nächsten Reiseland.

Mit dem Heißluftballon: alle fassen den Rand eines Schwungtuches und breiten es aus. Falls kein Schwungtuch vorhanden ist, können auch zwei oder drei Betttücher eingesetzt werden. Je vier Kinder fassen dann an einem Betttuch an. Das Schwungtuch stellt den Heißluftballon dar. Auf ein vereinbartes Startzeichen schwingen die Kinder das Tuch gemeinsam hoch, treten einen kleinen Schritt nach vorn und ziehen das Tuch über den Kopf. Danach ziehen sie es hinter ihren Rücken bis zum Boden und setzen sich auf das Tuch. Jetzt befinden sich die Kinder im Heißluftballon. Wenn die Kinder jetzt noch kräftig „pusten", steigt der Ballon in die Lüfte und wird vom Wind ins nächste Land getrieben.

Mit dem Omnibus: die Kinder setzen sich zu zweit nebeneinander auf Stühle oder Kissen. Vorne nimmt ein einzelnes Kind (oder die Spielleitung) Platz und spielt den Busfahrer. Der Fahrkartenkontrolleur geht noch schnell durch die Reihen und sieht nach, ob auch wirklich jedes Kind eine Fahrkarte hat. Dann braust der Omnibus endlich los, über Stock und Stein ins nächste Land.

Mit dem Schiff: die Kinder setzen sich in einem Rechteck auf den Boden. Außen um die Kinder herum führt die Spielleitung ein langes Seil oder eine Zauberschnur. Alle Mitspieler fassen das Seil, es bildet den Umriss des Schiffs. Der Kapitän (Spielleitung) stellt sich mit einem Fernglas (Papprolle) in die Mitte und gibt die Richtung an. Die Seefahrer (Kinder) schaukeln sanft auf den Wellen dahin. Vielleicht wird die Seereise noch von einem kräftigen Sturm begleitet, bis das Schiff schließlich im Hafen des nächsten Landes vor Anker geht.

zu Fuß: hintereinander laufen die Mitspieler durch den Raum. Dabei halten sich die Kinder mit einer Hand an einem Seil fest, damit niemand unterwegs verloren geht. Der Weg kann manchmal recht mühsam sein, über Berge, unter Brücken, durch Sümpfe und dergleichen mehr führt er bis ins nächste Land.

Mit dem Fahrrad: je zwei Kinder legen sich mit den Füßen zueinander auf den Boden, heben die Beine und legen die Füße aneinander. Nun fahren alle Fahrrad in der Luft und strampeln bis zum nächsten Reiseziel.

DIE STATIONEN DER REISE

...

AFRIKA

Schlangenhaut

Anzahl: 6 und mehr Kinder
Material: —
Spielort: im Raum

Die erste Station unserer Reise ist Afrika. Dort entdecken wir riesige Schlangen, die sich häuten können. *„Sie streifen ihre alte Haut ab. Darunter ist eine neue Haut gewachsen. Die alte Haut lassen die Schlangen einfach liegen,"* erzählt die Spielleitung. Das wollen wir einmal in einem Spiel miterleben.

Die Kinder stellen sich zu einer langen Schlange hintereinander auf. Dann greift jedes Kind mit seiner linken Hand durch die gegrätschten Beine nach hinten und fasst das dahinter stehende Kind bei der rechten Hand. Jedes Kind reicht also seine rechte Hand nach vorne, die linke Hand durch die gegrätschten Beine nach hinten. Die Spielleitung gibt das Startzeichen und die Schlange beginnt langsam, sich zu häuten. Dazu legt sich das hinterste Kind auf den Boden und zieht dabei das davor stehende Kind mit sich nach unten. Das letzte Kind kriecht nun mit den Füßen zuerst durch die gegrätschten Beine, das nächste Kind folgt. Dabei steigt es breitbeinig über das liegende Kind nach hinten und legt sich dann ebenfalls flach auf den Boden. Nach und nach häutet die Schlange sich so immer weiter. Niemand darf selbstverständlich während des Spiels die Hände lösen, denn schließlich häutet sich ja auch die Schlange in einem Zug.

Auf die Bäume, ihr Affen!

> Anzahl: 9 und mehr Kinder
> Material: —
> Spielort: im Raum oder draußen

Natürlich sehen wir bei unserem Besuch in Afrika auch viele Affen. Die Spielleitung erzählt, dass die Affen besonders gerne fangen spielen und dabei von Palme zu Palme springen.

Die Kinder werden in zwei gleich große Gruppen eingeteilt. Die eine Hälfte stellt die Palmen dar. Diese Kinder stellen sich, mit einigem Abstand zueinander im Raum auf, heben beide Arme hoch in die Luft und wiegen die Arme sanft im Wind.

Die übrigen Kinder spielen zuerst die Affen. Jeder Affe sucht sich eine Palme und klettert hinauf, das heißt, er hockt sich zu Füßen einer Palme und umschließt mit den Armen den „Stamm", also die Beine des anderen Kindes. Eines der Kinder hat keinen Platz auf einer Palme gefunden. Es stellt auch einen Affen dar, der die anderen fangen will. Dieser Affe läuft zwischen den Palmen umher. Irgendwann kratzt er sich mit einer Hand auf dem Kopf. Das ist das Startzeichen. Schnell müssen alle Affen sich eine neue Palme suchen. Dabei versucht der Affe, einen anderen Affen zu fangen, ehe dieser wieder auf einen neuen Baum geklettert ist. Ist ein Affe gefangen, so wird er in der nächsten Runde zum neuen Fänger. Der fangende Affe hat aber nicht nur die Möglichkeit, sich am Kopf zu kratzen. Er darf sich auch mit beiden Armen unter den Achseln kratzen. Das ist das Signal für die Affen und Palmen, die Rollen zu tauschen. Die Affen müssen sich schnell zu neuen Palmen aufstellen, die Palmen werden zu Affen und suchen sich eine Palme, an der sie sich festklammern. Währenddessen hat der fangende Affe die Möglichkeit, ebenfalls auf eine der neuen Palmen zu klettern. Der Affe, der dann übrig bleibt, ist in der folgenden Spielrunde der Fänger.

Hinweis: Mit jüngeren Kinder ist es ratsam, das Spiel zunächst nur so durchzuführen, dass der fangende Affe sich lediglich auf dem Kopf kratzen darf. Erst mit etwas Übung kann das Spiel in der schwierigeren Form ausprobiert werden.

TÜRKEI
Auf dem orientalischen Basar

> Anzahl: 6 und mehr Kinder
> Material: —
> Spielort: im Raum oder draußen

Wir sind auf einem orientalischen Markt angekommen. Dort ist allerhand los. Viele Händler bieten ihre Waren zum Verkauf und in den engen Gassen drängeln sich viele Menschen. In diesem Spiel wollen wir einmal erleben, was alles auf einem orientalischen Markt geschehen kann.

Die Kinder bilden zwei Reihen und stellen sich gegenüber auf. In ihrer Mitte ist eine Gasse. Die Spielleitung steht am Ende der Gasse in der Mitte und begrüßt die Kinder auf dem Basar.

„Viele merkwürdige und aufregende Dinge kann man hier auf dem Basar sehen und erleben," erzählt die Spielleitung. *„Als Erstes sieht man natürlich viele Menschen, die sich sehr fröhlich und herzlich begrüßen. Ich zeige euch, wie das aussehen kann."*

Die Spielleitung sucht sich ein Kind, das sich ans andere Ende der Gasse stellt. Nun stellen die beiden dar, wie man sich im Orient begrüßt. Sie gehen beispielsweise aufeinander zu und umarmen sich überschwänglich. Dabei gestikulieren sie aufgeregt und schreien in einer unverständlichen Fantasiesprache. Danach gehen die beiden wieder auf ihre Plätze. Die Kinder klatschen Beifall für diese Darstellung. Jetzt fordert die Spielleitung die Kinder auf, zu überlegen was man noch auf einem orientalischen Markt sehen kann. Wer eine Idee hat, tritt ans Ende der Gasse und stellt es mit der Spielleitung, oder auch allein dar.

Hier ein paar Beispiele:

○ ein störrisches Kamel, das vom Kameltreiber über den Markt geführt wird: gespielt zu zweit, einer stellt das Kamel dar, das an einem Seil geführt wird und dabei ständig bockt
○ zwei sehr dicke Sultane, die sich in einer engen Gasse aneinander vorbei zwängen: gespielt zu zweit, mit vor dem Körper gehaltenen Händen, die die dicken Bäuche darstellen, die gegeneinander stoßen

❍ ein Wasserträger, der pantomimisch einen schweren Krug durch die Gasse trägt
❍ eine Marktfrau, die allen Leuten ihre wunderschönen Wassermelonen aufschwätzen will und dazu laut rufend umher läuft
❍ eine ausgebrochene Schlange, die sich zischelnd vorwärts schlängelt
❍ zwei streitende Urlauber, die sich um einen persischen Teppich (Handtuch) streiten, den beide kaufen wollen
❍ zwei hübsche Bauchtänzerinnen, die aneinander vorbeitanzen

Bestimmt fallen den Kindern noch allerlei interessante Ereignisse ein, die man in den Gassen des orientalischen Basars entdecken kann.

Jede Darstellung wird mit Beifall belohnt. Zu Beginn sollte die Spielleitung den Kindern Anregungen geben, was man alles erleben und sehen kann.

INDIEN

Elefantenparade

Anzahl: 6 und mehr Kinder
Material: —
Spielort: im Raum

Elefanten werden in Indien unter anderem als Arbeitstiere eingesetzt. Jedoch finden heute in Indien auch vielfach Paraden mit Elefanten statt, bei denen die Tiere allerlei Kunststücke für die Touristen vorführen. Denn Elefanten sind sehr intelligente und gelehrige Tiere. In diesem Spiel sollen die Kinder selbst als Elefanten eine Parade einstudieren.

Dazu steckt jedes der Kinder sich ein Stoffband oder Halstuch hinten in den Hosenbund, sodass ein langes Ende heraus schaut. Die Spieler nehmen hintereinander in einer Reihe Aufstellung. Mit ihren Armen stellen sie den Elefantenrüssel dar. Dazu werden die Arme gekreuzt, eine Hand fasst an die Nase, der andere Arm wird durch die Armbeuge als Rüssel nach vorn gestreckt. Dieser Rüssel fasst nun den Schwanz des davor stehenden Elefanten. Das Kind hält also das Tuch des vorderen mit seinem „Rüssel" fest. Haben die Elefanten hintereinander Aufstellung genommen, werden sie vom Elefantentreiber, der Spielleitung, begrüßt. Mit einem Stöckchen in der Hand dirigiert sie die Elefanten durch den Raum und lässt sie verschiedene Kunststücke vorführen:

Alle Elefanten nicken mit dem Kopf – heben das rechte Bein – drehen sich einmal um sich selbst – laufen langsam rückwärts – heben die Schwänze in die Luft – trompeten gleichzeitig ganz laut – gehen in die Knie usw.

Nach einiger Zeit darf eines der Kinder einmal den Elefantentreiber spielen.

JAPAN

Parkhaus oder Tiefgarage?

Anzahl: 8 und mehr Kinder
Material: Tambourin oder anderes Instrument
Spielort: im Raum

In Japan leben sehr viele Menschen und viele von ihnen besitzen ein Auto. Somit gibt es in Japan ein großes Parkplatzproblem und man findet dort zahlreiche Tiefgaragen und Parkhäuser, in denen die Autos abgestellt werden.

Die Kinder stellen alle Autos dar, die mit lautem Getöse kreuz und quer durch den Raum sausen. Plötzlich schlägt die Spielleitung auf ein Tambourin und ruft: „Tiefgarage!" Sofort müssen sich die Kinder zu Paaren zusammen finden. Eines stellt die Tiefgarage dar. Dazu bildet es mit dem Körper eine Brücke, das andere Kind parkt schnell ein, das bedeutet es kriecht unter die Brücke. Haben alle Kinder ihre Autos eingeparkt, ertönt der nächste Tambourinschlag und die Autos fahren weiter im Raum umher. Beim nächsten Tambourinsignal ruft die Spielleitung: „Parkhaus!" Wieder finden die Kinder sich schnell zu zweit zusammen und legen sich flach übereinander auf den Boden. Eventuell sind dazu vorher Matratzen im Raum ausgelegt worden. Der nächste Tambourinschlag gibt das Zeichen für die Kinder, mit ihrem Auto weiter zu fahren. Die Spielleitung wechselt mehrfach zwischen den beiden Signalen.

AUSTRALIEN

Känguruhüpfen

> **Anzahl:** 4 und mehr Kinder
> **Material:** pro Kind ein Halstuch (Maße: 80 x 80 cm) und ein Kuscheltier
> **Spielort:** im Raum

Natürlich begegnen wir auf der nächsten Station unserer Reise in Australien den Kängurus. In ihren Beuteln vor dem Bauch tragen die Kängurus ihre Kinder. Sofort wollen die Kinder das auch einmal ausprobieren!

Jedes Kind bindet sich ein Halstuch mit zwei Zipfeln hinter dem Rücken fest. Jetzt hängt das Tuch vor dem Körper herab. Das Kind fasst die beiden anderen Zipfel des Tuches und breitet sie vor dem Körper aus. Das ist der Kängurubeutel, in den nun das Kuscheltier (Kängurubaby) gelegt wird. Hinter einer Startlinie nehmen dann die Kängurus Aufstellung und gehen in die Hocke. Auf ein Startzeichen hüpfen sie in weiten Sprüngen nach vorne und tragen dabei ihre Babys vor dem Bauch. Keines der Kängurus darf selbstverständlich sein Kind aus dem Beutel verlieren, ehe es die Ziellinie passiert hat.

CHINA

Mit Stäbchen essen

> **Anzahl:** 2 und mehr Kinder
> **Material:** pro Kind zwei Gymnastikstäbe (ersatzweise zwei Laternenstöcke) und ein Kissen
> **Spielort:** im Raum

In China essen die Menschen ihre Mahlzeiten mit Stäbchen, mit Ausnahme von Suppen natürlich. Das ist gar nicht so einfach und es macht Spaß, es im Spiel zusammen auszuprobieren.

Jedes Kind erhält zwei Gymnastikstäbe, in jeder Hand hält es einen Stab. Vor dem Kind liegt ein Kissen auf dem Boden. Es stellt das Essen dar. Die Kinder heben ihr „Essen" mit den Stäbchen hoch und setzen sich so in Bewegung. Begegnen sie unterwegs einem anderen Kind, können die beiden ihr „Essen", also ihre Kissen tauschen. Dazu werden die Kissen voreinander auf den Boden gelegt, beide verbeugen sich, tauschen die Plätze und heben dann das andere Kissen mit den Stäbchen auf. So spazieren die Kinder durch den Raum und tauschen beliebig oft ihr „Essen" miteinander.

Variante: Die Kinder bilden Spielpaare und stellen sich mit den Gesichtern zueinander auf. Beide Kinder halten zwei Gymnastikstäbe, in jeder Hand einen, senkrecht auf den Boden. Zwischen die beiden wird ein Kissen gelegt. Gemeinsam sollen die Kinder versuchen, das Kissen zu transportieren, ohne dass es zu Boden fällt.

Der Stäbchentanz

Anzahl: 6 und mehr Kinder
Material: pro Kind zwei Gymnastikstäbe (ersatzweise Laternenstöcke) sowie ein Kissen, chinesische oder fernöstliche Musik
Spielort: im Raum

In der Stadtbibliothek findet man chinesische oder fernöstliche Musik, zu der die Kinder einen Stäbchentanz gemeinsam entwickeln.

Die Kinder stellen sich mit ihren beiden Stäben im Kreis auf. Die Stäbe weisen zur Kreismitte. In der Mitte liegt ein Berg Kissen, und zwar für jedes Kind eins. Jetzt wird die Musik eingespielt. Langsam treten die Kinder gleichzeitig in die Mitte, verbeugen sich mit den Köpfen leicht voreinander und heben anschließend mit den Stäbchen je ein Kissen hoch. Sie halten es zwischen den Stäben fest und gehen wieder, langsam rückwärts schreitend, an den Kreisrand. Dort legen sie ihr Kissen ab und schreiten nur mit ihren Stöcken rechts herum im Kreis. Auf ein Handzeichen der Spielleitung, bleiben die kleinen Chinesen stehen und drehen sich wieder mit dem Gesicht zur Kreismitte. Das vor ihnen liegende Kissen wird erneut mit den Stäben aufgenommen und alle drehen sich damit einmal um die eigene Achse. Dann werden die Kissen vom Rand aus zurück in die Mitte geschleudert und der Tanz beginnt von vorne.

Hinweis: Dieser einfache Kindertanz kann mit verschiedensten Bewegungen, die mit den Stäbchen und Kissen durchgeführt werden, erweitert oder variiert werden. Da keine festen Tanzschritte vorgegeben sind, ist er leicht und bereits mit jüngeren Kindern durchführbar. Chinesische Musik ist meist sehr ruhig. Daher bewegen sich die Kinder in aller Regel leise und gemächlich, sodass der Tanz, trotz der Stäbe, die ja Kinder manchmal zum Schlagen animieren, still und harmonisch verläuft. Besonders schön ist es, den Tanz auf einem Fest den Eltern vorzuführen oder gemeinsam mit ihnen zur Aufführung zu bringen.

ALASKA
Das Schlittenhunderennen

Anzahl: 4 und mehr Kinder
Material: je Vierergruppe ein langes Seil, ein Kissen und zwei Halstücher
Spielort: im Raum

Auf unserer letzten Station unserer Reise, in Alaska, nehmen wir an einem Schlittenhunderennen teil.
Je drei Kinder stellen sich hintereinander auf. Ein langes Seil wird einmal um die Kinderreihe herumgeführt, auf der einen Seite hin, um das erste Kind herum und auf der anderen Seite zurück. Die beiden Enden des Seiles befinden sich rechts und links zu beiden Seiten des hintersten Kindes. Das erste Kind in der Reihe erhält zur Abpolsterung ein Kissen zwischen Bauch und Seil geklemmt. Mit zwei Halstüchern kann das Kissen an dem Seil festgebunden werden, damit es nicht herunterfällt. Die Kinder in der Reihe fassen das Seil mit den Händen rechts und links an. Jetzt ist der Hundeschlitten fertig. Das vierte Kind fasst die beiden Seilenden an. Es darf als erstes den Schlitten lenken. Durch leichtes Ziehen am linken oder rechten Seilende gibt es den „Hunden", also den Kindern im Seil, zu verstehen, wo der Schlitten herfahren soll. Nach einiger Zeit tauscht der Hundeschlittenführer mit einem Kind die Rolle.

Variante: Zwischendurch müssen die Hunde auch einmal gefüttert werden oder sich ausruhen und schlafen. Manche Hunde beißen sich gar untereinander und müssen vom Hundeführer beruhigt werden. Zwei Hundeschlitten treffen unterwegs aufeinander.

Ein lustiges Rollenspiel kann beginnen. Mit euren Hundeschlitten könnt ihr zum Abschluss dann ein richtiges Schlittenhunderennen veranstalten.

Komm in unsere Kuschelecke

Spiele zum Kuscheln, Schmusen und Entspannen

Nicht nur in der Bewegung und im lebhaften Spiel treten Kinder miteinander in Kontakt, auch die gemeinsame Erfahrung von Stille – Erlebnissen ist innerhalb einer Gruppe ganz wichtig.

In einer eigens hergerichteten Kuschelecke können Kinder allein, zu Paaren oder in Kleingruppen mit allen Sinnen ihren Körper spüren, sich auf andere einlassen, einander verwöhnen, Ruhe genießen und sich entspannen. Gerade angesichts der großen Zahl von Kindern in einer Kindergartengruppe ist es wichtig Nischen zum Kuscheln, Schmusen und Entspannen zu schaffen. Kinder können dort bereits nach kurzer Zeit die hier gesammelten Spiele größtenteils selbst und ohne Anleitung ausprobieren.

Diese Kuschelecken sind für alle Kinder gleichermaßen schön und ein tolles Angebot. Natürlich sind Spielangebote zum Kuscheln und Entspannen besonders für so genannte „schwierige" Kinder wichtig, die auffällig, aggressiv oder unkonzentriert und unausgeglichen sind. Gezielte Angebote können diesen Kindern helfen, zu mehr Ruhe und innerer Ausgeglichenheit zu finden und das Gefühl von Geborgenheit und Nähe zu erleben. *Das Kapitel „Komm in unsere Kuschelecke!"* versteht sich also nicht nur als ein Spielangebot für ruhige, ausgeglichene „unproblematische" Kinder, die für solche Anregungen sowieso leicht zu gewinnen sind. Man sollte sich nicht scheuen, auch einmal gezielt „schwierige" Kinder an Entspannungs- und Körperwahrnehmungsübungen heranzuführen und zum Erleben zu animieren. Gerade für diese Kinder sind solche Erfahrungen sehr wichtig.

Übrigens: eine Kuschelecke, eine kleine Oase der Entspannung, lässt sich in nahezu jeder Einrichtung herrichten. Oft genügt eine entschlossene, *gemeinsame* Planung im gesamten Team sowie ein offener, gruppenübergreifender Blick um kleine Nischen, die sich dafür eignen, zu entdecken.

Lass dich von mir verwöhnen

Anzahl: 2 und mehr Kinder
Material: Tücher, Federn, Massageball, Duft-
fläschchen, Duftlampe
Spielort: Entspannungsraum

Jeder hat seine eigenen Vorlieben beim Kuscheln, Schmusen und Entspannen. Das wollen wir in einem kleinen Entspannungsspiel einmal ausprobieren und selbst erleben.

Je zwei Kinder und suchen sich gemeinsam einen schönen Platz im Raum oder ziehen sich in die Kuschelecke zurück. Eines der beiden Kinder denkt sich nun aus, wer es sein möchte.

Hier einige Beispiele:
– ein Schulkind, das ganz müde von der Schule kommt – ein Arbeiter, der den ganzen Tag schwer tragen musste – ein kleines Baby – eine alte Oma – ein nervöser Mann – eine Bäckerin, die früh aufstehen musste und deren Arme vom vielen Teig kneten schmerzen usw.

Sind Verkleidungssachen vorhanden, kann das Kind sich auch entsprechend verkleiden. Auf der Matratze oder Wolldecke legt es sich nieder und macht es sich bequem. Das andere Kind soll es nun verwöhnen, und zwar so, wie es diese Person, die dargestellt wird, wohl gerne hätte. Also, werden Arme, Beine oder Rücken massiert, ein Fußbad gemacht, ruhige Musik eingespielt, mit Tüchern oder Federn gestreichelt, mit einem Massageball über den Körper gerollt, eine schöne Geschichte erzählt, eine Duftlampe aufgestellt. Bestimmt haben die Kinder viele eigene Ideen, wie sie sich gegenseitig verwöhnen können. Anschließend tauschen die beiden Kinder die Rollen.

Hinweis: Bei diesem Spiel sollte die Spielleitung zunächst Hilfestellung geben!

Geräusche im Raum

> Anzahl: 2 und mehr Kinder
> Material: —
> Spielort: Entspannungsraum

In der Kuschelecke oder im Raum legen sich die Kinder auf eine Matratze, schließen die Augen und entspannen sich. Jedes Kind soll auf ein Zeichen der Spielleitung zwei Minuten lang mit geschlossenen Augen auf die Geräusche achten, die es hört und diese zählen. Nach zwei Minuten öffnen die Kinder die Augen und erzählen einander, wie viele und welche unterschiedlichen Geräusche sie wahrgenommen haben.

Jetzt schließen die Kinder noch einmal die Augen. Wieder soll von den Geräuschen, die zu hören sind, erzählt werden. Dieses Mal jedoch macht eines der Kinder oder die Spielleitung kleine unbedeutende oder auch starke Geräusche, die von den üblichen Geräuschen, die von den Kindern erwartet werden, abweichen.

Hier ein paar Beispiele:
❍ die Tür öffnen und schließen
❍ schlurfend durch das Zimmer gehen
❍ etwas auf den Boden fallen lassen
❍ mit einem Löffel auf einen Topf schlagen
❍ niesen – husten – laut gähnen usw.

In dieser zweiten Spielrunde sollen nur die ungewöhnlichen Geräusche gezählt werden.

Schwingende Töne

> Anzahl: 4 und mehr Kinder
> Material: mehrere Versandrollen, Füllmaterialien wie Sand, kleine Steine, Murmeln, Erbsen, Stöcke etc.
> Spielort: Entspannungsraum

Die Kinder bilden Kleingruppen mit je vier Kindern. Dieses Spiel können die Kinder, wenn ihnen das Spiel bekannt ist, jederzeit ohne Anleitung der Spielleitung in der Kuschelecke durchführen. Eines der Kinder legt sich auf eine Matratze oder Wolldecke auf den Rücken, schließt die Augen und entspannt sich. Die übrigen Kinder verteilen sich um das liegende Kind und knien sich auf den Boden. Jedes

der Kinder hat eine dicke Versandrolle in den Händen. Nun richten sie ihre Röhren auf das liegende Kind und summen durch die Rolle leise Töne. Eines der Kinder kann beginnen, die anderen setzen nacheinander ein, die Töne werden gesteigert, flachen wieder ab. Die Spielleitung sollte zu Beginn mitspielen und vormachen, wie Töne variiert werden können, damit das Spiel ein Entspannungsspiel bleibt.

1. Variante: Die Kinder füllen die Versandrollen mit unterschiedlichen Materialien und verschließen sie. Dazu können Reis, kleine Steine, Erbsen, Sand, Murmeln, Muscheln, Stöcke etc. verwendet werden. Viele verschieden klingende Röhren werden um das liegende Kind auf dem Boden ausgelegt. Sie stehen allen Kinder zur Verfügung und können untereinander getauscht werden. Damit wird das liegende Kind verwöhnt. Vorsicht, die Kinder sollten nicht zu nahe herantreten. Das Kind auf der Matratze darf nicht berührt werden!

2. Variante: Die Versandrollen sind nicht gefüllt. Die Kinder erzeugen mit Stöcken, durch Schlagen oder Reiben auf den Röhren, die verschiedensten Rhythmen.

Das Wolkenbett

> Anzahl: 3 und mehr Kinder
> Material: ein alter Bettbezug, viele Luftballons
> Spielort: im Raum

Ein alter Bettbezug wird mit aufgeblasenen Luftballons prall gefüllt und anschließend zugeknöpft. Jetzt kann sich eines der Kinder darauf legen und von zwei anderen sanft hin und her schaukeln lassen. Das Wolkenbett trägt die Kinder, ohne das einer der Luftballons zerplatzt. Auch ein Erwachsener kann sich einmal darauflegen und schaukeln lassen. Dieses Bett trägt jeden. Bei kleineren Kindern unter drei Jahren kann ersatzweise ein Kopfkissenbezug verwendet werden.

„Regenmacher"

> **Ein Entspannungsinstrument für die Kuschelecke zum selber bauen**
> **Material: 1 Versandrolle, Hammer, Nägel, Sand oder Reis, Klebeband, Decefix**

Ein „Regenmacher" kann sehr leicht selbst gebaut werden. Er ist ein sehr schönes Musikinstrument, das leicht rieselnde Geräusche erzeugt und sich besonders gut in der Kuschelecke einsetzen lässt. In eine Versandrolle werden rund herum mittelgroße Nägel mit einem Hammer eingeschlagen. Die Nägel müssen versetzt und recht zahlreich eingeschlagen werden. Dann wird eine Seite der Rolle mit dem Deckel verschlossen. In die Röhre füllen wir etwas Sand oder Reis und verschließen anschließend die andere Seite. Beide Seiten sollten mit stabilem Klebeband zusätzlich verklebt werden. Am Ende wird die Rolle mit Decefix dekoriert, damit die Nägelköpfe verdeckt sind. Wird der „Regenmacher" leicht von einer zur anderen Seite geschaukelt, rieselt der Sand an den Nägeln entlang und erzeugt das Regengeräusch.

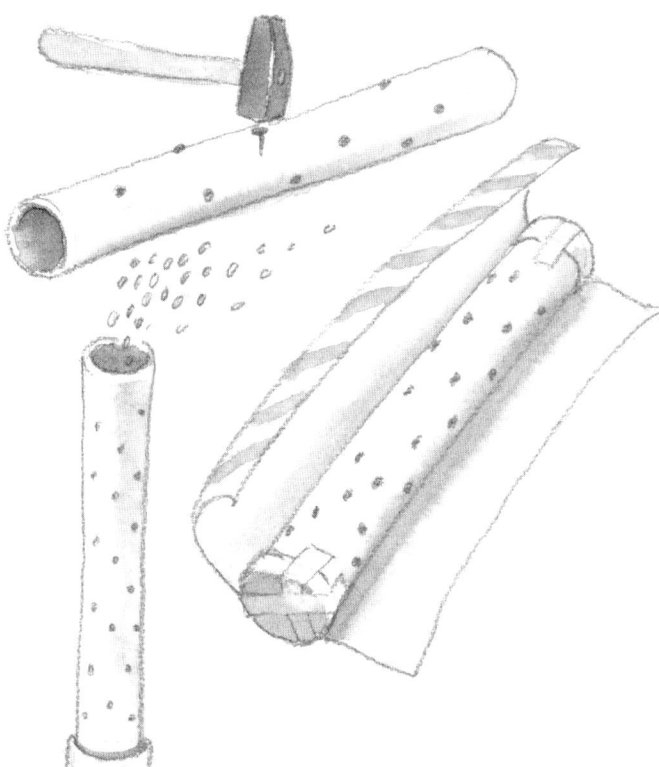

Wolken ziehen vorbei

> **Anzahl: 6 und mehr Kinder**
> **Material: pro Kind ein Kissen, Entspannungsmusik**
> **Spielort: im Raum**

Jedes Kind erhält ein Kissen und sucht einen Platz für sich allein im Raum. Dort setzt es sich im Schneidersitz auf sein Kissen. Eine ruhige Entspannungsmusik wird eingespielt. Der Raum sollte etwas abgedunkelt sein. Dann erzählt die Spielleitung:

„Stellt euch einmal vor, ihr alle seid kleine weiße Wolken hoch oben am Himmel. Sanft werdet ihr vom Wind dahingetrieben. Spürt einmal, wie der Wind euch durch die Lüfte weht. Erhebt euch langsam mit eurem Kissen und schwebt ruhig durch die Luft."
Die Kinder erheben sich, halten dabei ihre Kissen unter dem Po, und bewegen sich in sanften, schwebenden Bewegungen.

„Manchmal schweben kleine Wolken aufeinander zu und verbinden sich zu einer größeren Wolke. Sie kleben aneinander und schweben gemeinsam weiter."
Einzelne Kinder schweben aufeinander zu und schließen sich mit einer oder mehreren anderen Wolken zusammen und bewegen sich als große Wolke weiter.

„Bald treibt der Wind euch wieder auseinander, ihr wirbelt umher und schwebt schließlich erneut allein weiter."
Alle lösen sich voneinander, wirbeln einmal herum und schweben dann einzeln weiter.

„Doch nach und nach finden immer mehr Wolken zusammen. Es entsteht eine riesige Wolke am Himmel."
Die Kinder schweben aufeinander zu und vereinigen sich zu einer riesengroßen Wolke.

„Die Wolke wird schwerer und schwerer. Ganz tief hängt sie nun am Himmel. Plötzlich platzt die Wolke auf und entlädt sich in einem gewaltigen Regenguss."
Die Kinder springen auseinander und sinken zu Boden.

Das Genießerbett

> Material: Wolldecken, Matratzen, Tücher, Luft-
> ballons, Federn, Körbe, Spielgelfolie, Mobiles,
> Massagebälle, Bast, Watte, verschiedenste
> Naturmaterialien, Fellreste, Sand, Musikinstru-
> mente u. Ä.

Ein Genießerbett lässt sich ohne großen Aufwand in einer Kindergruppe herrichten. Es ist ein Bett, das die Kinder einlädt, sich hineinzulegen und gegenseitig mit allerlei Materialien zu verwöhnen, die hier jederzeit zur Verfügung stehen. Ein solches Genießerbett kann im Ruhe- und Entspannungsraum aufgebaut werden. Es ist aber auch eine Alternative für alle Einrichtungen, denen es nicht möglich ist, einen eigenen Entspannungsraum zu realisieren. Denn ein Genießerbett lässt sich auch in einer Ecke des Gruppenraumes oder sogar in einem etwas abgelegen Winkel des Flurbereichs aufbauen. Drei bis vier kleine, oder eine große Matratze werden in einer Ecke auf dem Boden ausgelegt. Darüber breiten wir eine weiche Kuscheldecke. Eine weitere Decke liegt bereit, mit der die Kinder sich auf Wunsch zudecken können. Aus bunten Halstüchern oder Stoffresten spannen wir über der Liegefläche einen Baldachin, sodass die Kinder auf den Matratzen wie in einer Höhle liegen. Auch alte Betttücher, die aneinander geknotet werden, sind als Baldachin geeignet.

Verschiedene Materialien, die an Bändern aufgefädelt sind, können von diesem „Himmel" herabhängen: aufgefädelte Federn oder Perlen – ein Mobile aus glänzenden Folienstreifen – Spiegelmobiles – Klangkugeln – aufgeblasene oder mit Materialien gefüllte Luftballons – Krepppapierstreifen etc.

In einem Regal stehen den Kindern in kleinen Körben verschiedene Utensilien zur Verfügung: Blätter – Federn – Massagebälle – Kastanien – Seidentücher – Fellreste – Musikinstrumente – Regenmacher – Watte – Büschel aus Kunstbast – farbige, durchsichtige Folienstücke – Kaleidoskope – Windräder – Schneekugeln – Fühlsäckchen – Riechfläschchen – Strohhalme – Duftfläschchen – Blumenspritzflasche und Ähnliches mehr.

Ein solches Genießerbett sollte mit Kindern gemeinsam hergerichtet werden, damit die Kinder das Bett annehmen und lernen, es selbständig zu nutzen. Die Spielleitung kann den Kindern zu Anfang Anregungen geben, wie das Bett zu einem wirklichen Genießerbett wird, indem sie sich jeweils mit zwei Kindern ins Genießerbett zurückzieht. Nach einiger Zeit werden die Kinder immer wieder für eine kurze Zeit dorthin verschwinden und sich gegenseitig verwöhnen. Ein Kassettenrecorder mit ruhiger Entspannungsmusik kann ebenfalls am Genießerbett zur Verfügung gestellt werden.

Im Sturm auf hoher See

> Anzahl: 5 und mehr Kinder
> Material: eine Luftmatratze
> Spielort: Entspannungsraum

Im Entspannungsraum habt ihr eine Luftmatratze nicht ganz prall gefüllt. Ein Kind legt sich darauf und schließt die Augen. Drei bis vier Kinder verteilen sich um die Matratze und fassen sie am Rand an.

Die Spielleitung erzählt den Kindern eine Geschichte. Die Kinder am Rand führen die entsprechenden Bewegungen mit der Luftmatratze durch. Hier ein Beispiel, wie die Geschichte beginnen könnte:

„Stell dir einmal vor, du bist ein Seefahrer. Mit deinem Schiff treibst du weit draußen auf dem Meer. Ganz leicht bewegt sich dein Schiff auf den Wellen. Du kannst die Wellen unter dir spüren. Leichter Wind weht dir um die Nasenspitze und kühlt dein Gesicht. Die Wellen schlagen gegen die Planken deines Schiffes. Etwas Wasser wird an Deck gespritzt. Langsam wird der Wind stärker und die Wellen schlagen höher und höher. Über dir am Himmel sind dunkle Wolken aufgezogen. Ein Gewitter zieht herauf. Schon fallen die ersten, vereinzelten Regentropfen ..."

Die Kinder begleiten die Geschichte, indem sie mit verschiedensten Materialien und natürlich mit der Luftmatratze das liegende Kind den Sturm erleben lassen. Dabei können folgende Bewegungen durchgeführt werden:

Wellen: die Luftmatratze leicht anheben und das Kind darauf schaukeln lassen. Die Bewegungen dabei steigern.

Wind: mit einem Blasebalg oder mit einem Fächer aus einem Zeitungsblatt Wind zufächeln/mit Strohhalmen Wind auf die Haut pusten.

Gischt: mit einer Blumenspritzflasche etwas Wasser auf Hände oder Füße sprühen.

Regen: mit den Fingern tröpfelnde Bewegungen auf dem Körper des liegenden Kindes machen; Bewegungen steigern.

Zwischendurch sollten immer wieder die Wellen hoch schlagen, also die Luftmatratze bewegt werden. Zuletzt könnte das Kind von Bord gespült werden, also von der Matratze herunter geschaukelt werden oder der Sturm klingt langsam wieder ab. Eine Entspannungsmusik mit Wasser- oder Meeresklängen kann hierzu als Untermalung eingespielt werden.

Variante: Falls euch eine doppelte Luftmatratze zur Verfügung steht, können zwei Seefahrer nebeneinander darauf Platz nehmen. Eng aneinander geklammert versuchen sie gemeinsam, den wilden Stürmen zu trotzen.

Rückenmassage

> Anzahl: 2 und mehr Kinder
> Material: pro Paar ein Massageball
> Spielort: Entspannungsraum

Die Kinder bilden Spielpaare und setzen sich Rücken an Rücken auf den Boden. Beide Kinder haben die Augen geschlossen. Zwischen beide Rücken legt die Spielleitung einen Massageball. Gemeinsam sollen die Kinder den Ball zwischen ihren Rücken kreisen lassen und sich so gegenseitig massieren.

Die Handwärme spüren

> Anzahl: 2 und mehr Kinder
> Material: —
> Spielort: Entspannungsraum

Die Kinder stellen sich zu zweit mit den Gesichtern zueinander auf. Ihre Arme haben sie nach vorn gestreckt und die Hände an die Handflächen des Partners gelegt. Beide Kinder schließen die Augen und pressen ihre Hände fest gegeneinander. Nach einer Zeit lösen sie die Hände, und drehen sich beide mit weiterhin vorgestreckten Armen einmal um sich selbst. Die Augen bleiben währenddessen die ganze Zeit geschlossen. So versuchen sie, die Hände des anderen wieder zu finden. Dabei sollen sie sich nur darauf verlassen, die Wärme des anderen zu spüren.

Streicheln mit Tüchern

> Anzahl: 2 und mehr Kinder
> Material: Halstücher (80 x 80 cm) oder Seidentücher, ruhige Musik
> Spielort: Entspannungsraum

Die Kinder bilden Spielpaare. Eines der beiden Kinder legt sich mit dem Rücken auf eine Matratze und schließt die Augen. Das andere Kind erhält 3-4 Halstücher und stellt sich damit neben den Partner. Eine ruhige Musik erklingt. Dazu wird das liegende Kind von seinem Partner am ganzen Körper mit Tüchern gestreichelt. Sie werden in leicht kreisenden Bewegungen am Körper entlang geführt, in auf und ab Bewegungen schweben sie herab, auch mehrere Tücher können gleichzeitig streicheln. Nach einiger Zeit tauschen die Kinder die Rollen.

Die wärmende Sonne

> **Anzahl:** 6 und mehr Kinder
> **Material:** Entspannungsmusik
> **Spielort:** Entspannungsraum

Die Kinder legen sich mit den Rücken sternförmig in einem Kreis auf den Boden. Dabei weisen die Füße zur Kreismitte, die Hände fassen zum Kreis. Die Kinder schließen die Augen. Eine Entspannungsmusik ertönt. Die Spielleitung erzählt:

„Stellt euch einmal vor, ihr alle gemeinsam seid eine große Sonne. Ihr spürt die Wärme der großen Sonne in eurem Körper. Fühlt einmal, wie die Wärme in euren Füßen sich ausbreitet. Die Füße sind ganz warm. Die Wärme steigt weiter in die Beine. Auch die Beine sind jetzt ganz warm. Dann spürt ihr die Wärme in eurem Becken und Po. Alles ist ganz warm. Die Wärme zieht weiter und wandert in euren Bauch und Rücken. Auch eure Rücken und Bäuche sind jetzt ganz warm. Die Wärme zieht in die Arme und Hände. Auch sie sind nun warm. Schließlich erreicht die Wärme euren Hals und Kopf. Ihr spürt die Wärme jetzt im ganzen Körper. Euch ist ganz wohlig und warm. Jetzt spürt einmal, wie die Wärme euch alle verbindet. Sie wandert von Hand zu Hand. Gebt eure Wärme an die anderen weiter. Ihr alle gemeinsam seid eine große Sonne. Die Wärme fließt durch euch hindurch und ihr fühlt euch geborgen und warm. Lasst die Wärme noch einige Zeit weiter strömen.“

Steine ablegen

> **Anzahl:** 2 und mehr Kinder
> **Material:** viele Steine in unterschiedlichen Größen
> **Spielort:** Entspannungsraum

Die Kinder bilden Spielpaare. Eines der Kinder legt sich mit dem Rücken auf die Matratze. Der Partner legt ca. 10 - 20 verschieden große Steine neben das liegende Kind und hockt sich dann daneben. Eine ruhige Musik wird eingespielt. Das liegende Kind schließt die Augen. Langsam legt der Partner einzelne Steine auf den Bauch des liegenden Kindes. Dieses darf seinem Partner ein Zeichen geben, wenn die Anzahl der Steine genügt. Dann werden die Steine einzeln langsam wieder weggenommen. Ob das Kind wohl spürt, wann kein Stein mehr auf seinem Bauch liegt?

Hinweis: Bei diesem Spiel muss es sehr ruhig sein. Die beiden Kinder sollten nach Möglichkeit nur wenig miteinander sprechen. Wer mag, kann sich die Steine auf den nackten Bauch stapeln lassen. Das Empfinden ist dann viel intensiver. Ebenso könnt ihr die Steine auch einmal auf dem Rücken des Partners ablegen.

Sanfte Klänge

> **Anzahl:** 6 und mehr Kinder
> **Material:** ein kleines Kissen, eine Klangkugel
> **Spielort:** Entspannungsraum

Die Kinder sitzen in einem engen Kreis auf dem Boden. Die Spielleitung legt eine Klangkugel auf ein kleines Kissen. Jetzt wird die Kugel im Kreis von Kind zu Kind weiter gereicht. Dabei lauschen wir und versuchen, die Kugel einmal im Kreis herumzureichen, ohne dass wir einen Klang vernehmen. In der nächsten Runde wird die Kugel von jedem Kind einmal sanft auf dem Kissen hin und her geschaukelt, ehe sie im Kreis weiterwandert.

Hinweis: Bei diesem Spiel sollten die Kinder natürlich ganz leise sein.

Ich kann dich spüren!

> **Anzahl:** 2 und mehr Kinder
> **Material:** —
> **Spielort:** Entspannungsraum

Je zwei Kinder legen sich seitlich, Rücken an Rücken, auf eine Matratze. Die Kinder schließen die Augen und drücken ihre Rücken gegeneinander und spüren den Partner. Dann berühren sich Po und Po, werden leicht gegeneinander gedrückt, schließlich verbinden sich ihre Fußsohlen. Immer wieder sollten die Kinder sich genügend Zeit nehmen, den anderen zu spüren.

Jetzt dreht euch zueinander um. Öffnet langsam die Augen und schaut euren Partner an. Streckt die Hände nach vorn, sodass sich eure Handflächen berühren. Schließt jetzt wieder die Augen und spürt den anderen weiter mit den Händen.

Den Luftzug spüren

> **Anzahl:** 3 und mehr Kinder
> **Material:** siehe Text
> **Spielort:** Entspannungsraum

Die Kinder bilden Dreiergruppen. Eines der Kinder legt sich mit dem Rücken auf eine Matratze und schließt die Augen. Es sollte nackte Füße haben sowie die Ärmel des Pullovers hochkrempeln. Den beiden Spielpartnern stehen allerlei Materialien zur Verfügung, mit denen sie dem liegenden Kind Wind zufächern können:

Strohhalme, Blasebalg, Zeitungen, Fächer, leere Wasserspritzflasche, Tücher, Schwungtuch, Bettlaken, Luftballons, verschieden dicke Schläuche, ein Buch, die Hände und vieles mehr.

Die Kinder setzen sich zu beiden Seiten des liegenden Kindes und fächern dann abwechselnd mit den unterschiedlichen Dingen Wind zu. Das liegende Kind soll den Wind nur genießen. Es kann aber auch so gespielt werden, dass das Kind nach jedem Luftzug, den es spürt, raten darf, womit der Wind erzeugt wurde. Anschließend legt sich ein anderes Kind auf die Matratze und genießt den Luftzug.

Spüre meinen Atem

> **Anzahl:** 4 und mehr Kinder
> **Material:** ruhige Musik
> **Spielort:** Entspannungsraum

Der Raum ist abgedunkelt. Eine ruhige Entspannungsmusik läuft im Hintergrund. Aus vielen Matratzen und Decken wird auf dem Boden ein gemütliches Kuschelbett gemeinsam mit den Kindern hergerichtet. Danach legen sich die Kinder mit dem Rücken auf die Matratzen. Dabei legt jedes Kind seinen Kopf auf den Bauch eines anderen Kindes. Der Kreis sollte am Ende geschlossen sein, sodass jedes Kind seinen Kopf auf einem anderen Bauch gebettet hat. Die Spielleitung fordert die Kinder auf, ganz ruhig da zu liegen und tief in den Bauch einzuatmen. Die Kinder spüren, wie sich die eigene Bauchdecke mit jedem Einatmen hebt und den Kopf des anderen Kindes mit anhebt. Gleichzeitig spüren die Kinder, wie ihr eigener Kopf sanft mit dem Atmen des Partners mitgeht. Gemeinsam genießen wir die Stille und spüren nur die Bewegungen unseres Atems.

Wenn Kuscheltiere kuscheln kommen

> **Anzahl: 2 und mehr Kinder**
> **Material: verschiedene Kuscheltiere**
> **Spielort: Entspannungsraum**

Dieses Spiel kann von den Kindern nach dem ersten Kennen lernen jederzeit allein im Entspannungsraum oder im Genießerbett gespielt werden. Eines der Kinder legt sich mit dem Rücken auf die Matratze. Das andere Kind erzählt ihm, das es heute von allerlei Tieren Besuch bekommt. Schon klopft es an der Tür. Das Kind klopft mit dem Finger auf den Boden und ahmt so das Türklopfen nach. Das erste Kuscheltier, vielleicht ein Bär, kommt herein, klettert am liegenden Kind hoch und setzt sich auf dessen Bauch.

„Dieses Kuscheltier möchte sich so gerne ankuscheln und gestreichelt werden", erzählt das Kind.

Jetzt ertastet das liegende Kind das Kuscheltier. Schon bald wird erraten, wer da zu Besuch gekommen ist. Nun darf das Kind dem Tier einen Platz auf seinem Körper zuweisen, wo es sich ankuscheln darf. Vielleicht legt es das Kuscheltier auf den Bauch, oder es wird in den Arm genommen. Bald klopft es erneut an der Tür und das nächste Kuscheltier möchte sich ebenfalls ankuscheln. Es folgen verschiedene Tiere, die alle zunächst ertastet werden, ehe sie einen gemütlichen Platz bei dem liegenden Kind finden. Sind alle Tiere im Kuschelbett, bleibt das Kind noch ein wenig liegen und genießt die kuschelige Wärme. Dann legt sich das andere Kind auf die Matratze.

Dieses Spiel kann auch zu Hause sehr schön mit einem Elternteil vor dem zu Bett gehen gespielt werden. Wird eine ruhige Entspannungsmusik eingespielt, ist das Kind sicher schon bald, geborgen zwischen seinen Kuscheltieren, eingeschlafen.

Ich bin eine Muschel

> **Anzahl:** ein und mehr Kinder
> **Material:** —
> **Spielort:** Entspannungsraum

Ein Kind legt sich mit angezogenen Beinen mit dem Rücken auf eine Matratze und schließt die Augen. Die Beine sind geschlossen, die Füße stehen auf dem Boden. Die Arme werden lang nach oben gestreckt und die Hände über dem Körper geschlossen.

Die Spielleitung erzählt:
„Stell dir einmal vor, du bist eine Muschel. Noch liegst du geschlossen da. Spüre einmal, dass du ganz fest verschlossen bist. Presse die Knie und Hände fest gegeneinander. Jetzt gleich wirst du dich öffnen. Atme tief ein. Deine Arme öffnen sich und sinken zur Seite, deine Knie fallen wie von selbst auseinander. Bleibe einen Moment so liegen, atme ruhig weiter und spüre, wie schön es ist, als geöffnete Muschel dort zu liegen. Nun atme wieder tief ein, beim nächsten Ausatmen wirst du dich langsam wieder schließen. Die Hände und Knie kommen zusammen und pressen sich fest aneinander. Spüre, wie fest verschlossen du bist.“

Diese Übung sollte einige Male wiederholt werden.

Hinweis: Besonders schön ist es, dieses Entspannungsspiel einmal an einem warmen Sommertag draußen im Sand durchzuführen.

Schätze vom Meeresstrand

> **Anzahl:** 6 und mehr Kinder
> **Material:** viele verschiedene Muscheln in unterschiedlichen Größen
> **Spielort:** Entspannungsraum

Die Kinder setzen sich in einem engen Kreis auf den Boden. In der Mitte auf einem schönen Tuch, liegen verschiedene Muscheln. Eventuell können die Muscheln auf Sand gebettet oder mit Blumen oder Kerzen geschmückt werden.

Dadurch erhalten Kinder noch viel mehr das Gefühl, in der Mitte liege ein kostbarer Schatz. Der Raum sollte abgedunkelt werden. Eine ruhige Musik läuft. Die Kinder erheben sich, treten in die Mitte und dürfen in aller Ruhe eine Muschel aussuchen, die ihnen besonders gut gefällt und diese mit zu ihrem Platz nehmen. Hat jedes Kind eine Muschel gefunden, fordert die Spielleitung die Kinder auf, die Muschel vor sich hinzulegen und die Augen zu schließen. Die Spielleitung erzählt:

„Stell dir einmal vor, du machst einen Spaziergang am Strand. Plötzlich entdeckst du vor dir im Sand eine Muschel. Im Licht der Sonne leuchtet sie dir entgegen. Du bückst dich und hebst die Muschel auf.“

Die Spielleitung fordert die Kinder auf, ihre Muschel mit geschlossenen Augen aufzunehmen und mit den Händen zu umschließen.

„Es ist eine ganz besondere Muschel, das spürst du sofort. Sanft umschließen deine Hände die Muschel. Deine Finger ertasten sie. Jede Ecke, jede Unebenheit wird von deinen Finger erspürt. Langsam hebst du die Muschel an dein Ohr. Viele, viele Jahre hat diese Muschel im Meer gelegen. Doch jetzt ist sie an Land gespült worden. Das Rauschen des Meeres hat sie in sich aufgenommen. Wenn du ganz genau hinhorchst, kannst du das Rauschen manchmal noch hören. Vielleicht erzählt die Muschel dir ein Geheimnis des Meeres, das nur sie kennt. Nun lege die Muschel wieder in deine Hände. Umschließe sie fest und drücke sie. Es ist deine Muschel, dein Schatz. Du darfst ihn mitnehmen und wenn du magst, kann er dich immer begleiten.“

Wie gut, dass du jetzt bei mir bist!

Spielideen für den Umgang mit starken Gefühlen

Wut, Angst, Trauer, Einsamkeit, Freude, Hilflosigkeit, Neid, Eifersucht, sich ausgeschlossen fühlen – Kinder erleben verschiedenste Gefühlsregungen, jedoch müssen sie erst noch lernen, ihre Gefühle zu benennen und passende Wörter dafür zu finden. Dieser notwendige Lern- und Erfahrungsprozess wird in der heutigen Zeit immer häufiger vernachlässigt. Über seine Gefühle zu reden ist nicht erwünscht, das macht jeder mit sich selbst aus. Nur ja keine Gefühle zeigen!

Bereits bei jüngeren Kindern findet man daher immer öfter ein solch „cooles" Verhalten, bei dem die Kinder sich möglichst gelassen, abweisend und gefühlsarm geben. Es ist „in", besonders „cool" zu sein und nichts und niemanden an sich heran zu lassen. Auch wir Erwachsenen haben zu dieser Haltung beigetragen. Erinnern wir uns an Aussprüche wie: „Ein Indianer kennt keinen Schmerz!", „Das war doch halb so schlimm!", „Stell dich nicht so an!", „Jetzt mach bloß nicht so ein Theater!" oder „Es ist ja schon wieder gut!" (wenn es längst noch nicht wieder gut ist!).

Gerade deshalb erscheint es immer wichtiger, bei Kindern ein Bewusstsein für Gefühle zu schaffen. Etwas über sich und seine Gefühle zu erfahren, die eigenen Gefühle besser kennen zu lernen, sie zu spüren und zu formulieren sind für Kinder wichtige Lernschritte. Genauso wichtig ist es aber auch, etwas über die Gefühle anderer zu erfahren, ihre Empfindungen nachzuerleben und sie so besser zu begreifen. Erst durch ein bewusstes Nachempfinden ist es möglich, über Gefühle zu reden und vielleicht sogar Lösungen zu finden, mit starken Gefühlen besser klar zu kommen.

Ganz gezielt trägt dieses Kapitel den Titel *„Wie gut, dass du jetzt bei mir bist!"*, denn: mit starken Gefühlen nicht allein gelassen zu werden, einen Freund oder eine Freundin zur Seite zu haben, ist auch ein Gefühl, und zwar ein sehr schönes!

Gefangen im Urwald

> **Anzahl: 6 und mehr Kinder**
> **Material: —**
> **Spielort: im Raum oder draußen**

Ein Kind setzt sich auf den Boden. Die übrigen Kinder bilden mit ihren Körpern alle gemeinsam um das sitzende Kind herum ein Gestrüpp, das vielfach ineinander verwachsen ist. Dazu verknoten sich die Kinder mit ihren Armen, Beinen und Körpern. Es ist schwer, durch dieses Gewächs hindurch zu gelangen. Das Kind in der Mitte hat nun zweierlei Möglichkeiten, sich zu befreien:

○ Es versucht, sich einen Weg hinaus zu bahnen. Das Gewächs bleibt während dessen starr stehen und regt sich nicht.

○ Es darf das Gewächs nacheinander lösen und sich so befreien.

Anmerkung: Das Gewächs sollte so um das Kind gebildet werden, dass das Kind nicht berührt wird. Es sollten sich stets nur Kinder freiwillig in die Mitte begeben. Niemand darf gezwungen werden!

Anschließend ist es wichtig, mit den Kindern über das Spiel ein Gespräch zu führen. Wie habt ihr euch in der Mitte gefühlt: hilflos, eingeengt, gefangen? Hat euch das wütend gemacht? Hatte jemand Angst? Gibt es andere Situationen, in denen ihr euch so wütend und eingeengt fühlt?

Nicht immer gelingt es Kindern, über ihre Gefühle miteinander zu reden und auszudrücken, was sie fühlen. Es ist dennoch ein sehr wichtiger und notwendiger Lernprozess im täglichen Miteinander von Gruppen.

Starke Jungen – schwache Mädchen?

> **Anzahl: 4 und mehr Kinder**
> **Material: zahlreiche Zeitschriften, Tonpapier**
> **Spielort: im Raum**

Aus Zeitschriften, Werbeprospekten und ähnlichen Materialien schneidet die Spielleitung Bilder von „Helden, starken, muskulösen Kerlen und Kämpfern" aus und klebt diese auf einen Bogen Tonpapier. Die Kinder setzen sich in einen Kreis und betrachten gemeinsam die Bilder. In einem Gespräch könnten folgende Fragen hilfreich sein:

○ Welche Männer könnt ihr auf den Bildern sehen?
○ Glaubt ihr die Männer sind sehr stark und mutig?
○ Möchtet ihr auch gern einmal so stark sein?
○ Warum sind auf den Bildern nur Männer zu sehen?
○ Welcher Junge / welches Mädchen möchte gerne so stark sein?
○ Fühlt ihr euch manchmal auch so stark?
○ Glaubt ihr, diese Männer kämpfen gerne?
○ Kämpft ihr auch manchmal gerne und prügelt euch?
○ Machen euch die Bilder Angst?

In einem kleinen Rollenspiel können die Kinder einmal eine Kampfszene, die möglicherweise auf einem der Bilder dargestellt ist, nachspielen. Ebenso wie mit starken Männern kann zur Gegenüberstellung ein Bogen Tonpapier mit Frauenbildern angefertigt werden. Darauf sollten Frauen in ihrer „typisch weiblichen, schwachen, hilflosen, aber schönen Rolle" dargestellt. Nun werden die beide Bilderbogen betrachtet und miteinander verglichen.

Der sture Bock

> **Anzahl: 2 und mehr Kinder**
> **Material: —**
> **Spielort: im Raum**

Ein Kind setzt sich auf eine Matratze. Es umschließt mit beiden Armen fest die angezogenen Beine. Es spielt den sturen Bock. Ein zweites Kind soll nun versuchen, die Arme des Kindes zu lösen, es aus seiner sturen Haltung zu befreien und von der Matratze zu bewegen. Dazu muss es schon seine ganze Kraft aufbieten, denn jemand, der so richtig stur ist, ist nicht so leicht zu etwas zu bewegen. Anschließend tauschen beide Kinder die Rollen.

Variante: Zwei Kinder setzen sich auf eine Matratze und verknoten sich miteinander. Vier andere Kinder haben die Aufgabe, diese beiden „sturen Böcke" voneinander zu lösen und einzeln von der Matratze zu befördern. Im Anschluss an dieses Spiel erzählen die Kinder, wie sie sich in den jeweiligen Rollen gefühlt haben. Vielleicht ist der eine oder die andere auch manchmal so stur und bockig im Kindergarten oder zu Hause und kann den anderen Kindern einmal davon erzählen!

Der Mutsprung

> Anzahl: 6 und mehr Kinder
> Material: Zeitungen, Klebeband, Weich-
> bodenmatte
> Spielort: Turnhalle oder großer Raum

Mehrere Zeitungsbögen werden auf dem Boden nebeneinander ausgebreitet und an den Seiten durch Klebeband miteinander verbunden, sodass ein gro-ßes Quadrat von ca. 2 x 2 Metern entsteht. Dieser von der Spielleitung vorbereitete Zeitungsbogen wird von zwei Erwachsenen vor einer Weichboden-matte senkrecht gehalten.

Ein Kind wird in den Raum geführt und soll nun durch diese „Zeitungsmauer" springen. Es weiß da-bei nicht, das sich dahinter eine Weichbodenmatte befindet, sodass schon allerlei Mut dazugehört, den Sprung zu wagen. Dieses Spiel eignet sich beson-ders als Einzelübung für Kinder, denen es oft an Mut und Selbstvertrauen mangelt.

Gemischte Gefühle

> Anzahl: 4 und mehr Kinder
> Material: Klebeband oder Kreide
> Spielort: im Raum

Auf den Boden malt oder klebt die Spielleitung einen Strich und unterteilt den Raum so in zwei Spielhälften. Die Kinder stellen sich in eine der beiden Spielhälften. Jetzt erzählt die Spielleitung, dass wir uns in einem sehr merkwürdigen Haus befinden. Dieses Haus hat nur zwei Zimmer. In dem einen Zimmer leben Leute, die sind immer ganz wütend (1. Spielfläche), in dem anderen leben Leu-te, die ganz fröhlich und ausgelassen sind (2. Spiel-fläche). Die Bewohner des Hauses dürfen jederzeit von einem in das andere Zimmer wechseln und müssen in den einzelnen Zimmern die dort leben-den Charaktere darstellen. Nach einiger Zeit unter-bricht die Spielleitung das Spiel. Sie erzählt, das mit der Zeit noch andere Zimmer angebaut wurden und klebt oder malt einen kreuzenden Strich, sodass jetzt vier Zimmer da sind. Im ersten Zimmer wohnen die wütenden, im zweiten Zimmer die fröhlichen Leute. Im dritten Zimmer ziehen jetzt die ängstlichen und im vierten Zimmer die sehr traurigen Menschen ein. Wieder wählen die Kinder zu Beginn der neuen Runde ein Zimmer, aus dem sie starten. Jedes Kind darf die Felder während des Spiels mehrmals wech-seln.

Der Tag der Masken

▶ **Anzahl: 6 und mehr Kinder**
▶ **Material: Tonpapier oder Pappteller, Scheren, Hutgummi, Stifte**
▶ **Spielort: im Raum**

Aus Papptellern oder Tonpapier werden viele verschiedene Gesichtsmasken für die Kinder angefertigt. Die Masken stellen lachende, traurige, wütende, ängstliche, gleichgültige, fröhliche, verschlossene, grimmige, schelmische Gesichter dar. Die Kinder können die Masken mit gestalten und verzieren. Durch Veränderungen beim Ausschneiden der Nasen, Münder und Augen ergeben sich jeweils andere Gesichtsausdrücke. Die Illustrationen geben hierzu einige Anregungen.

Die Kinder sitzen im Kreis zusammen. Die einzelnen Masken werden von der Spielleitung hochgehalten, vorgestellt und den Kindern erläutert. Jetzt kann der „Tag der Masken" beginnen!

Die Kinder suchen sich eine Maske ihrer Wahl aus und ziehen diese auf. Lassen Sie den Kindern genügend Zeit, eine geeignete Maske für den Tag zu wählen. Jedes Kind sollte eine vorher vereinbarte Spielzeit lang seine Maske tragen und sich auch entsprechend der Gemütslage, die die Maske darstellt, verhalten. Das ist gar nicht so leicht. Jemand der eine traurige Maske erwählt hat, ist also die ganze Zeit über traurig. Die Masken dürfen auch zwischendurch untereinander getauscht werden. Später erzählen die Kinder einander, wie das war, immer nur wütend, traurig, fröhlich etc. zu sein, auch wenn sie sich überhaupt nicht so gefühlt haben!

Begegnungen in der Stadt

> Anzahl: 6 und mehr Kinder
> Material: —
> Spielort: im Raum oder draußen

Die Kinder bilden zwei Reihen, die sich im Abstand von ca. 3 Metern gegenüber stehen. Jedes Kind sollte ein gegenüber haben. Die Spielleitung steht am Ende der Gasse in der Mitte. Sie erzählt den Kindern:

„Stellt euch einmal vor, wir alle machen zusammen einen Spaziergang durch unsere Stadt. Unterwegs treffen wir die unterschiedlichsten Menschen.
Zunächst begegnen wir zwei Leuten, die überhaupt keine Zeit haben. Sie hasten aneinander vorbei und begrüßen sich sehr flüchtig. Wir wollen das einmal spielen."

Die Spielleitung zählt laut bis drei. Jetzt tauschen die Kinder mit ihrem gegenüber auf der anderen Seite die Plätze und stellen dabei dar, wie zwei Menschen in der Stadt aneinander vorbei eilen und sich eilig begrüßen. Sind alle Kinder auf der anderen Seite angekommen und haben sich wieder in einer Reihe aufgestellt, erzählt die Spielleitung weiter, wer einem bei einem Spaziergang durch die Stadt begegnen kann. Dabei sollten verschiedenste Charaktere in jeweils anderen Gemütslagen ausgewählt werden. Hier einige Beispiele:

Zwei laut schimpfende Opas – tobende, laut schreiende Kinder – zwei traurige, kleine Jungen – freche Mädchen, die andere immer kneifen wollen – zwei, die einander begegnen und sich riesig freuen, weil sie sich so viele Jahre nicht gesehen haben – zwei, die sich überhaupt nicht ausstehen können und sich am liebsten verprügeln würden – zwei, die ineinander verliebt, doch leider auch sehr schüchtern sind – zwei, die einen Lachkrampf haben – zwei, die aufgeregt etwas suchen – zwei, die jeden anrempeln usw.

Bestimmt fallen den Kindern noch allerlei komische Typen ein, die beim Stadtspaziergang unsere Wege kreuzen.

Gegensätze darstellen

> Anzahl: 6 und mehr Kinder (ab 5 Jahren)
> Material: —
> Spielort: Turnhalle oder großer Raum

Die Kinder werden in zwei etwa gleich große Gruppen eingeteilt, die sich in einer Reihe nebeneinander an zwei gegenüber liegenden Seiten des Raumes aufstellen. In einem darstellenden Spiel soll versucht werden, Gegensätze darzustellen. In jeder Gruppe sollte nach Möglichkeit ein Erwachsener sein, der den Kindern Tipps und Hilfestellungen gibt.

Es wird mit einfachen Gegensätzen begonnen. Auf der einen Seite befinden sich die Riesen, auf der anderen die Zwerge. Die Kinder tauschen aneinander vorbei die Seiten als Riesen und Zwerge. Es folgen die Lauten und die Leisen, die Schnellen und die Langsamen, die Lachenden und die Weinenden, die Dicken und die Dünnen, die Stillen und die Zappeligen, die Fröhlichen und die Wütenden, die Schüchternen und die Wilden etc.

Immer wieder tauschen die Gruppen so die Seiten. In der Mitte begegnen sie sich und treten dort miteinander in Kontakt.

Der gefräßige Hofhund

> Anzahl: 4 und mehr Kinder
> Material: 2 - 3 Bohnensäckchen, kleine Kissen oder Halstücher
> Spielort: im Raum

Jeweils vier Kinder spielen in einer Kleingruppe zusammen. Eines der Kinder hockt sich auf allen Vieren wie ein Hund auf den Boden. Unter seinem Körper werden die Kissen oder Tücher gestapelt. Sie stellen die „Knochen" des Hundes dar. Die übrigen Kinder schleichen um den Hund herum. Der Hofhund verteidigt seine gesammelten „Knochen". Mit keinem der anderen Hunde will er sie teilen. Die anderen versuchen, geschickt unter seinen Körper zu greifen, und einen Knochen, also ein Kissen oder Tuch, zu stehlen. Der Hund darf jedem angreifenden Hund auf die Pfoten schlagen und knurren. Dann weicht der Hund zurück. Wem es gelingt, dem Hund einen Knochen zu entwenden, wird in der zweiten Spielrunde der neue, gefräßige Hofhund.

Alles meins!

> Anzahl: 4 und mehr Kinder
> Material: pro Kind ein Kissen oder Halstuch
> Spielort: großer Raum oder Turnhalle

Die Kinder erhalten alle ein Kissen oder ein Halstuch und setzen sich damit irgendwo im Raum auf den Boden. Die Spielleitung erzählt:

„Euer Kissen ist euer wertvollster Schatz. Er gehört nur euch. Mit niemandem wollt ihr euren Schatz teilen. Denn teilen findet ihr alle ganz blöd! Aber die anderen haben auch so tolle Schätze. Die möchtet ihr natürlich gern haben. Also was tun? Ihr macht euch auf, anderen ihre Schätze zu stehlen. Dabei müsst ihr jedoch gut auf den eigenen Schatz Acht geben. Denn schließlich sind noch andere freche Räuber unterwegs."

Hinweis: Dies ist ein wildes Tobespiel, bei dem es meist hitzig zugeht. Die Spielleitung sollte darauf achten, dass das Spiel nicht zu aggressiv wird.

Nach dem Spiel ist es wichtig, mit den Kindern ein Gespräch zu führen, denn das Spiel verdeutlicht bereits jüngeren Kindern, das es nicht so schön ist, wenn man immer alles für sich behalten möchte und mit niemandem teilt. Die Gefühle, die durch ein solches Verhalten zu Tage treten, werden im Spiel sehr deutlich und es lassen sich leicht Parallelen zu Situationen im Gruppenalltag finden und aufzeigen.

Masken werfen

> Anzahl: 6 und mehr Kinder
> Material: —
> Spielort: im Raum

Die Kinder stehen im Kreis. Die Spielleitung beginnt mit dem Spiel und zieht mit dem Gesicht eine Grimasse. Das kann ein heiteres, trauriges, gelangweiltes, wütendes, schüchternes, ängstliches, hilfloses, müdes, trotziges Gesicht sein. Die anderen Kinder betrachten das Gesicht. Nun packt die Spielleitung ihr Gesicht pantomimisch wie einen Schneeball zusammen und wirft die Maske einem anderen Kind zu. Dieses muss die Maske schnell nachmachen. Anschließend denkt das Kind sich eine neue Maske aus, die es einem anderen Kind im Kreis zuwirft.

Gefühle sind wie Töne

> Anzahl: 4 und mehr Kinder
> Material: verschiedene Musikinstrumente
> Spielort: im Raum

Die Kinder sitzen im Kreis zusammen. In der Mitte hat die Spielleitung verschiedene Musikinstrumente bereitgelegt.

Nun soll versucht werden, Gefühle und Stimmungen mit Instrumenten auszudrücken. Wenn wir beispielsweise ganz fröhlich und gut gelaunt sind, wie könnte das wohl klingen, wenn wir diese Stimmung mit Instrumenten ausdrücken wollen? Wer eine Idee hat, geht in die Kreismitte und wählt eines der Instrumente. Wir lauschen, ob das Instrument wohl passt. Findet jemand ein zweites Instrument, das ebenfalls dazu passt? Gemeinsam entwickeln die Kinder so einen Klang für die fröhliche Stimmung, vielleicht sogar eine kleine Tonfolge. Dann folgt die nächste Stimmung: traurig, wütend, ängstlich, schüchtern, trotzig usw.

Nach einiger Übung kann von der Spielleitung auch eine kleine Geschichte erzählt werden, in der eine Person unterschiedlichste Stimmungen durchlebt. Die Kinder „vertonen" die Geschichte mit ihren Instrumenten.

Angst einjagen

> Anzahl: beliebig
> Material: Tambourin, Gong oder anderes Instrument
> Spielort: im Raum

Die Kinder gehen schlendernd jedes für sich durch den Raum. Ihre Hände haben sie tief in den Taschen vergraben oder vor der Brust verschränkt. Sie betrachten einander im Vorbeigehen grimmig. Beim Gongschlag springen sie aufeinander zu und sollen sich gegenseitig erschrecken und Angst einjagen. Dazu bauen sie sich voreinander auf, ziehen abrupt die Hände aus den Taschen, schreien, ziehen gruselige Fratzen und Ähnliches. Jedes Kind sollte sich bereits während der Laufphase ein Kind aussuchen, das es erschrecken will. Beim nächsten Gong schleichen alle weiter durch den Raum.

In einem anschließenden Gespräch erzählen die Kinder, welche Situationen es gibt, die ihnen Angst machen. Gemeinsam kann überlegt werden, welche Möglichkeiten es gibt, mit diesen Ängsten umzugehen.

Die Angst in Luft „auflösen"

Anzahl: beliebig
Material: Malstifte und Papier, Luftballons, Bindfaden, Klebeband
Spielort: im Raum

Es gibt viele Situationen, die Kindern Angst machen. In einem Gesprächskreis unterhalten die Kinder sich darüber. Auch die Spielleitung kann Beispiele geben.

Anschließend malen die Kinder Bilder dazu. Dann werden Luftballons aufgepustet und zugeknotet. An jeden Luftballon wird mit einem Band oder Wollfaden ein Bild befestigt. Zu einer wilden Musik tanzen die Kinder umher und schlagen auf die Bilder an den Luftballons. Gemeinsam wollen wir versuchen, die Ängste zu vertreiben, bis sie sich in Luft „auflösen". Gespielt wird so lange, bis alle Luftballons geplatzt sind. Bei diesem Spiel dürfen die Kinder ruhig laut schreien, auch auf den Luftballons herum trampeln, sie treten und wegschlagen. Die Ängste verfliegen und Kinder fühlen sich in dieser Situation stark und gewappnet, ihren Ängsten zu begegnen und sie zu bewältigen.

Schön geträumt?

> **Anzahl:** beliebig
> **Material:** je Kind ein selbstgebasteltes kleines Kissen (oder Waschlappen), etwas Kordel, Watte, Bildkarten
> **Spielort:** im Raum

Wer etwas schönes geträumt hat, fühlt sich gleich etwas besser und schöpft neue Energien. Ob man Träume wohl beeinflussen kann? Wir wollen das einmal ausprobieren. Mit der Unterstützung einiger Eltern werden für die Kinder kleine Schmusekissen hergestellt. Es können auch Waschlappen dazu verwendet werden. In jedes Kissen / jeden Waschlappen wird etwas Watte gestopft. Jedes Kind erhält eines dieser Kissen.

In einem Gesprächskreis werden in der Mitte verschiedene, von der Spielleitung vorbereitete Bildkarten, ausgebreitet. Darauf könnten abgebildet sein: schöne Landschaften, Gegenstände wie Wolken, Sonne, Muscheln, Bett, Kuscheltier, Palme, Flugzeug, Ballon, Tiere und vieles mehr. In Zeitschriften finden sich zahlreiche geeignete Motive.

Die Kinder betrachten die Bilder. Anschließend darf sich jedes Kind eines oder auch mehrere der Bilder aussuchen, von denen es sich wünscht, einmal davon zu träumen. Die Bilder werden in die Kissen gelegt und mit etwas Kordel zugebunden. Nun sollen die Kinder ihre Traumkissen mit nach Hause nehmen und dort unter ihr Kopfkissen legen. Vielleicht gelingt es einigen davon zu träumen! Am nächsten Tag können die Kinder von ihren Träumen erzählen.

Wenn es dunkel wird

> **Anzahl:** 2 und mehr Kinder
> **Material:** eine Taschenlampe
> **Spielort:** im Raum

Ein möglichst großer Raum wird abgedunkelt. Vor der Tür bilden die Kinder Spielpaare. Jedes Kind sollte sich dabei ein Kind aussuchen, mit dem es vertraut ist. Die Kinder fassen sich bei den Händen oder haken einander unter. Eines der beiden Kinder erhält von der Spielleitung eine Taschenlampe.

Zusammen betreten sie den dunklen Raum und sollen einen Spaziergang durch die Dunkelheit machen und den Raum mit der Taschenlampe untersuchen. Dabei dürfen sie einander nicht loslassen. Es sollte immer nur ein Paar den Raum erforschen.

In einer Gesprächsrunde im Anschluss erzählen die Kinder von ihren Erlebnissen in der Dunkelheit.

Schön – unheimlich?

> **Anzahl:** beliebig
> **Material:** verschiedene Musikinstrumente und klingende Gegenstände, ein großes Tuch, Kordel
> **Spielort:** im Raum

Der Raum wird abgedunkelt. Die Kinder sitzen in einem engen Kreis auf dem Boden. Hinter einem quer durch den Raum gespannten Tuch liegen verschiedene Musikinstrumente und andere klingende Gegenstände wie z. B. Heulerschlauch, Schmirgelpapier, Butterbrotpapier, Kamm, Zeitungspapier, Flasche, leere Getränkedose, Grashalm, Eisenkette etc.

Die Spielleitung tritt hinter den Vorgang. Allein oder auch gemeinsam mit ein oder zwei Kindern erzeugt sie nun mit den Materialien verschiedene Geräusche. Nach jedem Geräusch erzählen die Kinder, wie sie es erlebt haben. Welche Geräusche machen Angst, welche klingen fröhlich, lustig, bei welchen Geräuschen bekommt man eine Gänsehaut? Woran erinnern uns die Geräusche?

Spaziergang in der Nacht

> **Anzahl:** 2 - 10 Kinder
> **Material:** eine Taschenlampe
> **Spielort:** im Raum

Wieder wird der Raum verdunkelt. Einzeln sollen die Kinder einen Spaziergang durch den Raum machen. Dabei werden sie von der Spielleitung, die eine Taschenlampe bei sich hat, begleitet. Die Spielleitung hält das Kind bei der Hand und geleitet es einmal kreuz und quer durch das dunkle Zimmer. Wer möchte, kann der Spielleitung durch Händedrücken ein Signal während des Spazierganges geben. Es bedeutet, das für einen kurzen Moment die Taschenlampe ausgeknipst wird.

Bei diesem Spiel sollte möglichst nicht gesprochen werden. Die beiden verständigen sich nur per Händedruck. Es ist natürlich selbstverständlich, dass dieses Spiel freiwillig ist. Es sollte niemals jemand dazu gezwungen werden.

In der Geisterbahn

Anzahl: beliebig
Material: viele dunkle Tücher, Kordel, Instrumente, Federn
Spielort: im Raum

Viele Kinder fürchten sich im Dunkeln. Wer spielerisch lernt, der Dunkelheit zu begegnen, dem gelingt es oft auch, die Angst davor zu überwinden.

Besonders gut eignet sich dazu das Einrichten und die gemeinsame Gestaltung einer Geisterbahn im Raum.

Ein nicht zu großer Raum wird möglichst gut abgedunkelt. Schwarze Tücher, die von der Decke herab gespannt werden, verdunkeln den Weg zusätzlich. Verschiedene klingende Gegenstände, selbstgebastelte Gespenster und anderes kann dahinter zum Vorschein kommen. Eine plötzlich aufblinkende Lampe in der Ecke, ein leises Kichern, das Rasseln von Ketten, das Heulen einer Eule und vieles mehr kann in diesem Raum erklingen. Sicher kommen euch noch viele Ideen für die weitere Gestaltung.

Eine solche Geisterbahn sollte stets mit Kindern gemeinsam geplant und gebaut werden.

Von Zankhähnen und Kratzbürsten

Ideen zum spielerischen Umgang mit Aggressionen

Einem sehr starken menschlichen Gefühl, nämlich der Aggression, soll ein eigenes Unterkapitel zustehen. Denn kaum ein anderes Thema ist in den letzten Jahren mehr diskutiert worden als die Frage nach hilfreichen Umgehensweisen bei Aggressionen von Kindern. Gerade dann, wenn aggressive Kinder gutem Zureden unzugänglich erscheinen und immer wieder mit ihrem aggressiven Verhalten den Gruppenalltag stören, macht sich Hilflosigkeit breit.

Aggression wird in den meisten Fällen negativ verstanden. Sie wird als „Fehlverhalten" betrachtet, das es gilt zu unterbinden und in den „Griff zu bekommen". Aggression muss jedoch nicht unbedingt negativ sein und als destruktives Verhalten gewertet werden. Sie kann auch eine Kraft, Energie, ein menschliches Gefühl, eine Form der Auseinandersetzung mit sich und der Umwelt sein. Es gibt immer zwei Seiten von Aggression, die destruktive, zerstörende, verletzende Seite und die vitale Seite der Aggression. Im Umgang und in der Auseinandersetzung mit Aggressionen ist es notwendig, beide Seiten gleichwertig zu sehen.

Dieses Kapitel will Anregungen geben, sich im Spiel mit dem Thema „Aggressionen" auseinander zu setzen. Dabei sollen auf spielerische Weise Möglichkeiten und Raum geschaffen werden, Aggression als ein zu jedem Einzelnen gehörendes Gefühl kennen zu lernen. Wilde Spiele bieten Gelegenheit, die vitale Seite der Aggressionen innerhalb der Gruppe zu erleben, sie zuzulassen und miteinander zu lernen, damit umzugehen. Hier sind schreien, wild sein, toben, sich miteinander streiten und messen, Bewegung und Körperkontakt sowie das Ablassen und Erleben von Energien erlaubt und erwünscht! Mit diesem Ansatz sollen keineswegs die Probleme, die teilweise in Kindergruppen sehr massiv im Umgang mit destruktiven Ausdrucksformen von Aggressionen entstehen, verharmlost werden. Natürlich kann nicht jede schwierige, aggressionsgeladene Situation durch ein Spiel aufgefangen werden! Jedoch ist jeder Umgang mit Aggressionen lernbar und stets veränderbar und ein „sinnvolles" Ausleben und Erleben von Aggressionen kann gleichwohl helfen, destruktive Ausdrucksformen aufzufangen und zu verändern.

Wegdrücken

> Anzahl: 2 und mehr Kinder
> Material: —
> Spielort: im Raum

Die Kinder bilden Spielpaare und stellen sich mit den Gesichtern zueinander auf. Beide Kinder strecken die Arme nach vorne, sodass sich die Handflächen der beiden berühren. Die Füße stehen parallel. Nun versuchen die Kinder, sich gegenseitig weg zu drücken. Dabei darf die Fußstellung nicht verändert werden.

Bei diesem Spiel geht es zunächst nur darum, miteinander die Kräfte zu messen. Das stärkere Kind setzt sich hier durch. In der folgenden Variante haben aber auch Kinder, die nicht so stark sind, eine Chance, sich durch Taktik im Spiel zu behaupten.

Hinweis: Bei dieser Variante geht es nicht nur um Stärke, sondern auch um Geschicklichkeit und Taktik.

Variante: Die Kinder nehmen paarweise, wie oben beschrieben, Ausstellung. Nun ist es jedoch auch erlaubt, die Hände weg zu ziehen oder auch den anderen durch einen abrupten Stoß weg zu bewegen. Jetzt gilt, wer von beiden einen Schritt nach vorn oder hinten macht, also die parallele Beinstellung verändert, verliert eine Spielrunde.

Streit ums Quadrat

> Anzahl: 4 und mehr Kinder
> Material: Klebeband oder Kreide
> Spielort: im Raum oder draußen

Es werden Kleingruppen mit vier bis fünf Kindern gebildet. Jede Gruppe klebt mit Klebeband für sich ein Quadrat (Maße: 1,0 x 1,0 Meter) auf den Boden oder malt es mit Kreide auf. Die Kinder einer Gruppe verteilen sich um ihr Quadrat, fassen einander bei den Händen und schließen den Kreis. Nun versuchen sie, sich einander in das Viereck zu ziehen. Wer das Quadrat mit dem Fuß betritt, scheidet aus.

Den Buckel versohlen

> Anzahl: 2 und mehr Kinder
> Material: pro Kind ein Kissen
> Spielort: im Raum

Die Kinder bilden Spielpaare, die sich mit den Gesichtern zueinander aufstellen. Jedes der Kinder hält in der rechten Hand ein Kissen. Die beiden reichen einander die linken Hände. Nun sollen sie versuchen, sich gegenseitig mit den Kissen den „Buckel zu versohlen". Dazu ziehen sie sich beiderseits mit der einen Hand aufeinander zu und probieren dann, den anderen mit dem Kissen auf dem Rücken zu treffen.

Rück doch einmal!

> Anzahl: 8 und mehr Kinder
> Material: —
> Spielort: im Raum oder draußen

Die Kinder werden in zwei gleich große Gruppen eingeteilt. Die Gruppen nehmen gegenüber in zwei Reihen Aufstellung, die Rücken weisen dabei zueinander. Die Kinder einer Gruppe haken mit den Armen ihre rechten und linken Nachbarn unter. Jetzt gehen die Gruppen langsam rückwärts aufeinander zu und versuchen, die andere Gruppe mit ihren Rücken weg zu drücken. Es können auch zwei Endlinien mit Kreide auf den Boden gemalt werden, über die die andere Gruppe geschoben werden muss.

Das brüchige Floß

> Anzahl: 4 und mehr Kinder
> Material: eine Weichbodenmatte
> Spielort: Turnhalle

Die Kinder ziehen ihre Schuhe aus und stellen sich auf die Matte. Die Spielleitung erzählt:

„Die Weichbodenmatte stellt unser Floß dar. Es ist ein sehr altes, brüchiges Floß. Wir befinden uns alle zusammen auf diesem Floß. Jeder von uns ist ein schiffbrüchiger Seeräuber. Leider können die Seeräuber einander überhaupt nicht leiden. Jeder denkt

nur an sich und will die anderen vom Floß stoßen. Denn jeder behauptet, das sei sein Floß und dort habe nur er allein Platz."

Auf ein Startzeichen der Spielleitung versuchen die Kinder nun gegenseitig, sich vom Floß zu schubsen. Wer mit einem Fuß den Boden berührt, hat das Floß verlassen und scheidet aus. Wer wird der letzte „Überlebende" sein?

Variante: Wenn statt einer Weichbodenmatte ein Feld (Maße: ca. 2 x 2 Meter) als Floß auf dem Boden markiert wird, können die Kinder das Spiel auch folgendermaßen durchführen: Alle Kinder verschränken ihrer Arme vor der Brust. Jetzt müssen sie auf einem Bein hüpfen und mit den verschränkten Armen versuchen, die anderen vom Floß, also aus dem Feld, zu stoßen.

Der Schrei

> **Anzahl: 5 und mehr Kinder**
> **Material: —**
> **Spielort: im Raum oder draußen**

Die Kinder fassen sich an den Händen und bilden eine Kette. Gemeinsam begeben sie sich auf einen Spaziergang durch den Raum oder das Gelände. Dabei rufen alle gemeinsam zunächst sehr leise:

> *„Uhh, so schreien wir!*
> *Uhh, jetzt kommen wir!"*

Die Kinder bleiben stehen, lösen ihre Hände und jedes Kind legt beide Hände hinter seine Ohren: Jetzt rufen alle:

> *„Das war noch viel zu leise, drum*
> *schreien wir noch lauter!"*

Die Kinder bewegen sich weiter und rufen diesmal schon etwas lauter:

> *„Uhh, so schreien wir!*
> *Uhh, jetzt kommen wir!"*

Mit jedem Sprechvers wird die Gruppe immer etwas lauter.

Besonders schön ist es, wenn zwei Gruppen in großem Abstand zueinander Aufstellung nehmen und sich immer lauter schreiend aufeinander zu bewegen bis sie schließlich laut schreiend voreinander anlangen. Dann bewegen sie sich wieder rückwärts voneinander weg und singen:

> *„Uhh, so schreien wir!*
> *Uhh, jetzt gehen wir!*
> *Das war doch viel zu laut,*
> *drum rufen wir es leiser ..."*

Samuraikämpfer

> **Anzahl: 6 und mehr Kinder**
> **Material: ein Rohrisolierungsstück aus Schaumstoff, Länge: ca. 1 Meter, Durchmesser ca. 5 cm, erhältlich in jedem Baumarkt**
> **Spielort: großer Raum, Turnhalle oder draußen**

Die Kinder stellen sich in einem großen Kreis auf. In der Mitte des Kreises steht ein Kind. Es spielt den gefährlichen Samuraikämpfer. Dieser trägt ein Schwert bei sich. Wenn der Samuraikämpfer sein Schwert mit lautem Aufschrei zückt, verwandelt es sich sofort in ein magisches Zauberschwert. Jetzt heißt es für die anderen „Aufgepasst!", denn der Samuraikämpfer lässt sein Schwert im Kreis tanzen. Schwingt er es über den Boden, so müssen alle schnell hochspringen. Kreist es über den Köpfen, so ducken sich die Kinder und machen sich klein.

Wer vom Samuraischwert am Kopf oder an den Füßen berührt wird, den verwandelt es sofort in den nächsten Samuraikämpfer. Diesem wird feierlich das Schwert überreicht und er beginnt die nächste Spielrunde in der Mitte.

Hinweise: Es ist bei diesem Spiel besonders wichtig, dass die Spielleitung dem Samuraikämpfer einmal vorführt und zeigt, wie er sein Schwert zieht, dabei laut schreit und es dann im Kreis herum schwingt. Der Samuraikämpfer läuft dabei mit seinem Schwert im Innenkreis entlang und lässt sein Schwert am Boden oder über den Köpfen herfahren. Der Samuraikämpfer schlägt nicht mit dem Schwert zu! Besonders wichtig und gerade für Kinder sehr spannend und lustig ist der *laute* Samuraischrei. Vor allem wegen dieses Schreis macht Kindern das Spiel so viel Spaß! Denn hier ist Schreien endlich einmal erwünscht und erlaubt!

Ein solches Rohrisolierungsstück ist sehr preisgünstig (2,– bis 3,– DM) und eignet sich auch sehr gut, wenn Kinder miteinander kämpfen und Aggressionen ausleben wollen, ohne sich dabei weh zu tun oder zu verletzen.

Der Boxsack

▸ **Anzahl: 1 und mehr Kinder**
**Material: ein alter Kopfkissenbezug, Schnur,
alte Zeitungen**
Spielort: im Raum

Um Aggressionen ausleben zu können, ohne sich oder andere zu verletzen, soll hier noch ein kleiner Tipp zur Anfertigung eines Spielgerätes mit einfachen Mitteln gegeben werden.

Ein alter Kopfkissenbezug wird mit zusammengeknüllten Zeitungen prall gefüllt. Dann verschnürt man den Bezug mit einer Kordel und hängt ihn von der Decke herab an einem Haken auf. Schon ist der Boxsack fertig, der für Kinder *und* Erwachsene gleichermaßen hilfreich ist, Aggressionen abzulassen und zu einem festen Bestandteil im Kindergarten oder zu Hause werden kann.

Wenn kleine Räuber streiten

> **Anzahl:** 8 und mehr Kinder
> **Material:** Klebeband, ein kleiner Karton
> pro Gruppe
> **Spielort:** Turnhalle oder großer Raum

Die Kinder werden in Kleingruppen eingeteilt. In einer „Räubergruppe" sind zwei bis drei Kinder. Jede Gruppe klebt in eine Ecke des Raumes mit Klebeband ein Quadrat (Maße: ca. 2 x 2 Meter) auf den Boden und stellt ihren Karton in die Mitte des Viereckes. Die Quadrate der einzelnen Gruppen sollten ein paar Meter voneinander entfernt sein.

Die Spielgeschichte: Jede Gruppe stellt eine Räuberbande dar, die einen kostbaren Schatz zu bewachen hat. Doch jede Räubertruppe glaubt, die anderen hätten einen noch viel schöneren Schatz und so wollen sie versuchen, den Schatz der anderen zu rauben. Die Quadrate stellen bei dem Spiel die Räuberhöhlen dar, die Kartons die Schätze. Gibt die Spielleitung das Startzeichen, verlassen alle Räuber ihre Höhlen und bewegen sich im Raum. Sie schleichen umeinander herum und beäugen sich missgünstig. Beim zweiten Signal (beispielsweise mit einem Tambourin) versuchen die Räuber, den anderen ihren Schatz zu stehlen und aus der Räuberhöhle zu entwenden. Dabei kann es, je nach Alter der Kinder, folgende Regeln geben:

○ gestritten werden darf nur mit den Füßen, d. h. die Kinder dürfen die Schatzkisten nur mit den Füßen bewegen und ihren eigenen Schatz auch nur mit den Füßen beschützen.

○ die Räuber dürfen sich nur im Krebsgang, auf allen Vieren mit dem Bauch nach oben und rückwärts, fortbewegen.

○ während der Streitphasen darf kein Wort gesprochen werden.

○ die Räuber dürfen während des Streitens ganz laut schreien.

Die Zaubergasse

> **Anzahl:** beliebig
> **Material:** je Kind ein Kissen
> **Spielort:** im Raum

Die Kinder bilden eine Gasse. Dazu stellen sie sich mit den Gesichtern zueinander in zwei Reihen auf. In jeder Reihe sollten in etwa gleich viele Kinder sein. Jedes Kind in der Gasse hält ein Kissen vor seinem Bauch. Eines der Kinder wird auserwählt. Es darf zuerst den Gang durch die Gasse antreten. Die Spielleitung erzählt:

„Stellt dir einmal vor, du darfst durch eine Zaubergasse gehen. Du kannst selbst bestimmen, ob dich die Geister der Gasse sanft hindurch geleiten, ob sie dich ruppig hin und her schubsen oder dich gar überhaupt nicht hindurch lassen wollen. Wähle selbst!"

Jetzt darf das Kind wählen:

Ruppig – die Kinder schubsen das Kind mit ihren Kissen von einem zum anderen bis zum Ende der Gasse.

Sanft – das Kind wird ganz vorsichtig und zart mit den Kissen weitergeleitet.

Sperre – die Kinder verschließen den Weg. Mit aller Kraft versucht das Kind, sich durch die Gasse zu kämpfen. Am Ende der Gasse sollte ein Kind stehen, das das Kind in der Gasse anfeuert.

Bei dieser letzten Variante ist es sehr hilfreich, das sich durchkämpfende Kind lautstark anzufeuern. Besonders diese Form zeigt Kindern, wie viel Kraft und Energie sie selbst besitzen. Es ist daher besonders für sehr stille, zurückhaltende Kinder eine wichtige Übung. Jedes Kind sollte einmal auf verschiedene Weise die Gasse durchschreiten. Anschließend traut sich das nächste Kind zum Gang durch die Gasse.

Variante: Vielleicht hat ein Kind Lust, mit geschlossenen Augen sanft durch die Gasse geleitet zu werden.

Diebische Tänzer

> Anzahl: 4 und mehr Kinder
> Material: pro Kind 5 Wäscheklammern,
> schnelle Musik
> Spielort: großer Raum oder Turnhalle

Die Kinder befestigen je 5 Wäscheklammern vorne an ihren Pullovern oder Hemden. Zu einer schnellen Musik bewegen sie sich tanzend durch den Raum. Dabei soll während des Tanzens versucht werden, anderen Kindern so viele Wäscheklammern wie möglich zu stehlen. Gleichzeitig müssen sich die Kinder aber schnell tanzend bewegen, damit andere nicht ihre eigenen Wäscheklammern klauen. Wer eine Wäscheklammer von einem anderen Kind gestohlen hat, hält sie in den Händen fest. Nach einer Zeit stoppt die Musik. Wer hat wohl am meisten Klammern erbeutet?

Variante für Kinder ab 6 Jahren:

Wer eine Wäscheklammer erbeutet hat, muss diese sofort bei sich am Pullover befestigen. So steht sie wieder zur freien Verfügung.

Hinweis: Die eigenen Klammern dürfen nicht festgehalten werden.

Streit im Kreis

> Anzahl: 6 und mehr Kinder
> Material: —
> Spielort: im Raum

Die Kinder sitzen in einem engen Kreis mit den Gesichter zur Kreismitte beisammen. Alle Kinder haben ihre Schuhe ausgezogen.

Nun soll ausprobiert werden, mit welchen Körperteilen man sich streiten kann. Als erstes stützen die Kinder ihre Hände hinter ihren Körpern auf den Boden und heben die Beine in der Kreismitte in die Luft. Auf ein Startzeichen streiten nun viele kleine Füße miteinander. In der nächsten Runde legen sich die Kinder auf den Bauch, mit den Köpfen zur Kreismitte. Beim nächsten Signal streiten jetzt alle Zeigefinger miteinander. Auch mit dem Po kann man untereinander streiten und sich wegstupsen, mit den Händen, mit den Schultern, mit dem Rücken ebenso. Probiert aus, welche Körperteile sich noch zum gemeinsamen Streitspiel eignen.

Den Sinnen auf der Spur

Spielerisch die Wahrnehmung fördern

Mit allen Sinnen wollen Kinder die Welt entdecken, erspüren, erleben. Dieses elementare Grundbedürfnis sollte daher täglich im Mittelpunkt jeder pädagogischen Arbeit mit Kindern stehen. Unsere zunehmend technisierte Welt lässt immer weniger Raum und Möglichkeit für wirklich „sinnenhaftes Erleben". Die Folgen dieser Entwicklung sind heute bereits bei vielen Kindern sichtbar. Mangelnde sinnliche Erfahrungen und damit einhergehend fehlendes Be-„greifen" und Verstehen unserer Umwelt ist schon im Kindergarten zu beobachten.

Das Kapitel „Den Sinnen auf der Spur" will Anregungen geben, sinnliche Erfahrungen in den Alltag zu integrieren. Mit Händen, Augen, Ohren, der Haut, Mund und Nase können die Kinder allerlei Entdeckungen machen und im Spiel ihre Sinne erproben. Ganzheitliche Wahrnehmung, mit allen Sinnen zu leben, sich selbst und seine Umwelt über alle Sinne wahrzunehmen ist eine Entdeckungsreise, die immer wieder unternommen werden sollte und die zu jeder Zeit lockt.

Gläser sortieren

Anzahl: beliebig
Material: leere Gläser, Wasser
Spielort: im Raum oder draußen

In leere Gläser wird Wasser gefüllt. Dabei sollte das Wasser in jedem Glas eine andere Temperatur haben. In das erste Glas können beispielsweise einige Eiswürfel gelegt werden, die sich rasch auflösen. Jetzt werden die Gläser auf dem Tisch in einer Reihe aufgebaut. Ein Kind steckt die Hand nacheinander in die Gläser und hat die Aufgabe, das Wasser nach der Temperatur zu sortieren. Anschließend darf ein anderes Kind einmal sein Gefühl überprüfen.

Gläserkonzert

Anzahl: beliebig
Material: viele, alte Flaschen, Gläser,
Löffel, Wasser
Spielort: im Raum

Die Flaschen und Gläser werden gemeinsam mit den Kindern mit Wasser gefüllt. Dabei ist der Wasserstand in jedem Gefäß ein anderer. Aus der unterschiedlichen Größe der Gefäße, der Dicke des Glases und dem verschiedenen Wasserstand ergeben sich immer andere Töne, wenn die Gläser mit einem Löffel oder einem anderen metallischen Gegenstand angeschlagen werden. Vielleicht gelingt es euch ja sogar, eine Tonleiter zu entwickeln. In Kleingruppen könnten die Kinder unter Anleitung versuchen, ein bekanntes Lied nachzuspielen und es später den anderen Gruppen vorspielen. Ein solches Flascheninstrument kann auch schwebend an einem dicken, schönen Ast im Raum aufgehängt werden. Besonders schön wird es, wenn ihr dazu verschieden farbige Flaschen verwendet, die mit Wasser gefüllt und anschließend mit fester Schnur an den Ast geknotet werden. Das Instrument sollte in Kinderhöhe aufgehängt werden, sodass die Kinder es jederzeit nutzen können.

Musikecken

> **Anzahl: 5 und mehr Kinder**
> **Material: Flaschen oder Gläser, Löffel**
> **Spielort: im Raum**

Die Spielleitung hat für dieses Spiel mindestens vier Gläser oder Flaschen vorbereitet, die mit unterschiedlich viel Wasser gefüllt sind. Es sollten beim Anspielen der Flaschen deutlich andersartige Töne erklingen.

Die Gläser werden an vier Kinder verteilt, die sich damit in die vier Ecken eines Raumes auf den Boden setzen. Ein Kind setzt sich ohne Glas in die Mitte. Dann lassen die Kinder nacheinander ihre Flaschen erklingen. Das Kind in der Mitte hat nun die Aufgabe, die Flaschen zu sortieren, vom tiefsten zum höchsten Ton. Nacheinander holt es die Kinder in die Mitte und setzt sie dort in die richtige Reihenfolge. Bei etwas älteren Kindern können auch mehr als vier Flaschen verwendet werden.

Versteck im Ton

> **Anzahl: beliebig**
> **Material: Ton, Steine, Wasser**
> **Spielort: im Raum oder draußen**

Ein großer Tonklumpen wird geschmeidig geknetet. Darin hat die Spielleitung einen oder mehrere Steine versteckt.

Nun soll das Kind den Tonklumpen knetend durchforsten und auf die Suche nach den versteckten Steinen gehen. Wie viele Steine sind darin wohl verborgen?

Erde zu Erde

> **Anzahl: beliebig**
> **Material: unterschiedliche Erde**
> **Spielort: draußen**

Im Außengelände oder in der näheren Umgebung wird unterschiedliche Erde in Gefäßen gesammelt. Diese Erde schüttet ihr zu kleinen, einzelnen Häufchen nebeneinander auf. Dabei müssen von jeder Art zwei Haufen vorhanden sein.

Einem Kind werden nun die Augen verbunden. Tastend erforscht es die einzelnen Erdhügel und versucht heraus zu finden, welche Erdhaufen aus derselben Erde bestehen.

Die Kinder können sich auch in zwei Gruppen einteilen. Jede Gruppe sollte von einem Erwachsenen unterstützt werden. Dann bereiten die Gruppen füreinander solche Erdhügel vor. Jeweils ein Kind aus den Gruppen darf anschließend zur anderen Gruppe hinüber gehen und sich im „Erdhügelfühlen" probieren.

Hinweis: Unterschiedliche Erde kann auch gut auf einem Ausflug in Kleingruppen gesammelt werden.

Tastende Fußtaucher

> **Anzahl: 2 und mehr Kinder**
> **Material: ein Plantschbecken, Wasser, Gegenstände zum Ertasten**
> **Spielort: draußen**

Im Sommer lässt sich bei gutem Wetter im Plantschbecken ein schönes Sinnesspiel durchführen. In ein gefülltes Plantschbecken werden verschiedene Gegenstände gelegt. Es sollten immer zwei gleiche Materialien vorhanden sein.

Zwei Kinder betreten jetzt mit verbundenen oder geschlossenen Augen und nackten Füßen das Plantschbecken. Mit den Füßen suchen sie nun das Plantschbecken ab und probieren, je zwei gleiche Dinge aufzuspüren. Dabei sollten sie, wenn sie einen Gegenstand gefunden haben, ihn aus dem Wasser holen und dann nach dem zweiten suchen.

Variante: Die Kinder bewegen sich zu zweit im Becken. Jetzt nennt die Spielleitung einen Gegenstand, den die Kinder suchen müssen. Wer findet ihn zuerst mit den tastenden Füßen?

Hinweis: Bei kleineren Kindern sollte das Spiel in zwei kleinen Becken durchgeführt werden. Jedes Kind bewegt sich in einem Becken und darf dann auf allen Vieren auf die Suche gehen.

Heiß und kalt

Ein Fingerspiel

> **Anzahl: beliebig**
> **Material: —**
> **Spielort: im Raum**

Im warmen Haus fünf Kinder sitzen.
(Die fünf Finger der Hand bewegen)

Das Eine sagt: „Puh , ich schwitze!"
(den Daumen hochhalten)

Das Zweite sagt: „Mir ist so heiß!"
(den Zeigefinger hochhalten)

Das Dritte wischt sich ab den Schweiß!
(Den Mittelfinger hochhalten)

Das Vierte ruft nach einem Eis.
(Den Ringfinger hochhalten)

Das Fünfte stellt die Heizung aus.
(Den kleinen Finger hochhalten)

Da wird es kalt im ganzen Haus.
Nun zittern alle Kinder sehr.
(die fünf Finger zappeln lassen)
Ach, wenn's doch wieder wärmer wär'!

Veränderte Blickwinkel

> **Anzahl: beliebig**
> **Material: Leiter**
> **Spielort: draußen**

Im Garten wird eine Leiter aufgestellt. Die Kinder krabbeln zuerst auf dem Boden herum. Dann klettern Einzelne einmal bis auf die oberste Stufe der Leiter und schauen sich um. Anschließend erzählen die Kinder, was sie alles gesehen haben. Dieses Spiel macht Kindern auf einfache Weise sehr deutlich, wie verschieden etwas aus einem veränderten Blickwinkel heraus gesehen werden kann.

Ganz gezielt könnt ihr das auch einmal mit Gegenständen, zum Beispiel mit einem Regenwurm oder einer Blume ausprobieren. Zuerst wird der jeweilige Gegenstand mit allen gemeinsam aus der Nähe (evtl. sogar mit einer Lupe) betrachtet. Dann steigt ihr wieder auf die Leiter und schaut ihn euch einmal von oben an. Wie sieht der Gegenstand jetzt aus? Ist er noch gut zu erkennen? Später können die Kinder den Gegenstand aus diesen beiden Blickwinkeln malen.

Farbige Guckröhren

> **Anzahl: beliebig**
> **Material: verschieden lange Pappröhren mit dem gleichen Durchmesser, farbige Klebefolie, Schere, Klebstoff**
> **Spielort: im Raum und draußen**

Die Pappröhren werden auf verschiedene Längen zurecht geschnitten. Dann verklebt ihr die Röhren so miteinander, dass sie wie eine Panflöte aussehen. Je länger eine Röhre ist, desto kleiner ist der Ausschnitt, den man sehen kann und je detaillierter wird das Betrachtete wahrgenommen. Mit ihren Guckröhren machen die Kinder einen kleinen Spaziergang im Freien oder auch im Raum und erforschen, wie unterschiedlich alles durch die einzelnen Röhren wirkt.

Hinweis: Die Röhren können auch an einem Ende mit verschiedenen farbiger Klebefolie bespannt werden. Nun erscheint alles zusätzlich noch in einer anderen Farbe.

Die Wärme spüren

> Anzahl: beliebig
> Material: —
> Spielort: im Raum oder draußen

Bei diesem Spiel wollen wir einmal spüren, wie durch Reibung Wärme entsteht.

Die Kinder führen ihre Handflächen zusammen und reiben die beiden Hände fest gegeneinander. Dann lösen sie die Hände etwas und führen sie bis kurz vor dem Berühren aufeinander zu. Die Wärme, die durch die Reibung entstanden ist, lässt sich jetzt besonders gut spüren.

Gegenstände fallen lassen

> Anzahl: beliebig
> Material: verschiedene, unterschiedlich klingende Gegenstände
> Spielort: im Raum

Die Kinder sitzen mit den Rücken zur Spielleitung in einer Reihe. Jetzt lässt die Spielleitung verschiedene Gegenstände auf den Boden fallen. (Ball, Buch, Schlüsselbund, Becher, Löffel, Zeitung, Geldstück etc.). Die Kinder müssen raten, um welchen Gegenstand es sich dabei wohl handelt.

Geräusche nachahmen

> Anzahl: max. 8 Kinder
> Material: —
> Spielort: im Raum

Die Kinder sitzen im Raum verteilt auf dem Fußboden. Alle haben die Augen geschlossen und horchen auf die Geräusche, die von der Spielleitung erzeugt werden.

Hier ein paar Beispiele:
- in die Hände klatschen
- mit dem Fuß aufstampfen
- mit den Fingern schnippen
- sich auf dem Kopf kratzen
- einen lauten Kuss geben
- weinen
- einen Handkuss zuwerfen
- an der Kleidung kratzen
- einen Reißverschluss auf und zu machen
- auf der Stelle rennen
- sich am Arm kratzen

Die Kinder sind ganz leise und versuchen, die Geräusche an ihrem Platz nachzuahmen.

Leise Rufer

> Anzahl: max. 10 Kinder
> Material: —
> Spielort: im Raum

Die Kinder sitzen im Raum verteilt auf dem Boden und haben die Augen geschlossen. Die Spielleitung nimmt in der Mitte des Raumes Aufstellung.

Leise flüstert sie den Namen eines der Kinder. Wenn das Kind seinen Namen hört, öffnet es die Augen und setzt sich vor die Spielleitung auf den Boden, bis schließlich alle Kinder dort versammelt sind.

Leise Wege – Laute Wege

> Anzahl: 2 - 10 Kinder
> Material: Kreide oder Klebeband in zwei Farben, verschiedene Musikinstrumente
> Spielort: im Raum oder asphaltierte Fläche im Freien

Auf den Boden des Raumes werden mit Kreide Wege gemalt. Diese Wege müssen einander immer wieder kreuzen. Ein Weg sollte jeweils unterschiedlich farbige Abschnitte haben, d. h. ein Weg beginnt in roter Farbe, verläuft dann ein Stück blau und wird wieder rot.

Die Kinder erhalten verschieden klingende Musikinstrumente und stellen sich damit irgendwo auf einen Weg. Die blauen Wege sind die leisen Wege, das bedeutet, ein Kind, das dort entlang geht, darf sein Instrument nur ganz leise erklingen lassen. Die roten Wege sind die lauten Wege. Wer hierauf läuft, darf mit seinem Instrument ganz viel Krach machen. Die Kinder gehen auf den Wegen entlang und lassen ihre Instrumente entsprechend den Wegfarben ertönen. Begegnen zwei Kinder einander, dürfen sie ihre Instrumente miteinander tauschen.

„Stinker" und „Dufter"

> **Anzahl: beliebig**
> **Material: je Gruppe ein Korb**
> **Spielort: im Freien**

Die Kinder werden in zwei Gruppen eingeteilt. Jede Gruppe erhält einen Korb. Die eine Gruppe spielt die „Stinker", die andere die „Dufter". Jede Gruppe soll nun bei einem Spaziergang allerlei Gegenstände gemeinsam in ihren Körben sammeln, die „Stinker" suchen verschiedene übel riechende Dinge, die „Dufter" bringen allerlei wohl riechende Sachen mit, die sie unterwegs entdecken. Hinterher werden die Schätze im Kreis herumgereicht und jeder darf einmal an den einzelnen Funden riechen.

Allerlei Köstlichkeiten?

> **Anzahl: beliebig**
> **Material: unterschiedlich Schmeckendes**
> **Spielort: im Raum**

Die Kinder erhalten von der Spielleitung die Aufgabe, am nächsten Tag zwei essbare Dinge von zu Hause mit in den Kindergarten zu bringen. Davon soll das eine sehr gut schmecken und das andere weniger gut.

Am nächsten Tag stellen die Kinder im Morgenkreis nacheinander ihr Mitgebrachtes vor und dürfen ein anderes Kind einmal kosten lassen. Dabei stellen die Kinder fest, wie unterschiedlich die Geschmäcker sein können, denn manches, was ein Kind sehr lecker findet, mag ein anderes Kind vielleicht gar nicht erst probieren!

Zum Fühlen – Zum Schmecken

> **Anzahl: 2 und mehr Kinder**
> **Material: pro Kind ein kleiner Karton oder Korb, eine dicke Versandrolle, verschiedene Gegenstände zum Fühlen und Schmecken**
> **Spielort: im Raum**

Die Kinder bilden Paare. Jedes Kind erhält einen kleinen Karton. Die Kinder suchen für ihren Karton verschiedene Gegenstände, die ertastet werden sollen oder essbar sind. Hier einige Beispiele: ein kleiner Ball, ein Bauklotz, ein Spielzeugauto, ein Löffel, ein Strumpf, ein Stück Apfel, ein Bonbon, eine Haselnuss, ein Stück Möhre, eine Rosine, ein Stück Käse, eine Weintraube usw.

Haben beide Kinder unter Hilfestellung der Spielleitung eine Kiste zusammengestellt, setzen sich die beiden einander gegenüber auf den Boden. Die Schachteln werden mit einem Tuch abgedeckt, sodass der Spielpartner nicht hineinschauen kann. Durch eine große Versandrolle reichen die Kinder sich die Hand. Jetzt schließt eines der beiden Kinder kurz die Augen. Das eine Kind nimmt einen Gegenstand aus seinem Karton und reicht es dem anderen durch die Röhre. Dabei sagt es: *„Zum Fühlen!"* oder *„Zum Schmecken!"*. Wenn der Gegenstand „Zum Fühlen" ist, muss das Kind ihn in der Röhre ertasten und raten was es sein könnte. Dabei darf es die Augen öffnen. Ist der Gegenstand „Zum Schmecken" so nimmt es ihn in der Röhre an und steckt ihn in den Mund. So lange bleiben die Augen geschlossen. Dann muss es raten, was es gerade isst.

Dann ist der Spielpartner an der Reihe und sucht sich einen Gegenstand aus seiner Kiste aus.

Hurra, wir gehen nach draußen!

Spiele und Aktionen im Freien

Ob es stürmt, schneit oder die Sonne scheint – Kindern ist das gleich, sie lockt es bei jedem Wetter nach draußen. Dort können sie ausgelassen toben und herumrennen, es bieten sich ihnen größere Bewegungs-freiräume. Zudem laden viele verschiedene Naturmaterialien wie Steine, Stöcke, Sand, Wasser und Blätter zu fantasievollen Spielen ein.

In diesem Kapitel sind Spielanregungen zusammengestellt, die schnell und ohne große Vorbereitung im Freien durchgeführt werden können. Damit bietet sich die Möglichkeit, schnell und spontan durch ein Bewegungsspiel Impulse einzugeben. Die Spielideen berücksichtigen gleichermaßen den sich draußen bietenden Bewegungsfreiraum und das Angebot der zur Verfügung stehenden Naturmaterialien. Die meisten Spiele lassen sich ebenso auf einem Ausflug in den Wald oder im heimischen Garten durchführen.

Einlochen

Anzahl: 2 - 8 Kinder
Material: je Kind 10 kleine Steine
Spielort: draußen im Sandbereich

In den Sand wird eine Vertiefung mit einem Durchmesser von ca. 10 - 20 Zentimetern gegraben. Je nach Alter der Kinder kann das Loch auch kleiner oder größer gemacht werden. Um dieses Loch zieht man mit einem Stock einen Kreis mit einem Radius von ca. 2 - 3 Metern.

Jedes Kind sucht sich 10 kleine Steine und nimmt mit seinen Steinen auf dem gezogenen Kreis Aufstellung. Auf ein Startzeichen, versuchen alle Kinder gleichzeitig ihre Steine im Loch zu versenken. Dabei darf von jedem Kind immer nur ein Stein geworfen werden. Wer als Erstes einen Stein dort landet, ruft schnell „Stopp". Das Kind erhält für diese Runde den ersten Punkt. Jetzt sammeln die Kinder ihre Steine wieder ein und die zweite Runde kann beginnen. Gespielt werden 10 Runden. Wer am Ende dieser Durchgänge die meisten Punkte erzielt hat, wird zum „Einlochkönig" oder zur „Einlochkönigin" ernannt.

Variante: Die Kinder können sich Steine in unterschiedlichen Farben suchen oder ihre Steine mit Wasserfarbpunkten markieren. So hat jedes Kind eine andere Farbe und kann seine Steine besser erkennen. Dann lässt sich das Spiel folgendermaßen durchführen: Die Kinder haben je 10 farbig markierte Steine einer Farbe. Die Steine werden, wie oben beschrieben, vom Kreisrand aus geworfen und zwar so lange, bis alle Steine geworfen sind. Am Ende wird gezählt, wer die meisten Steine seiner Farbe im Loch landen konnte.

Hinkelsteine

▶ **Anzahl:** 4 Kinder je Spielgruppe
Material: je Kind ein Säckchen mit vielen
kleinen Steinen
Spielort: draußen im Sandbereich

Zur Spielvorbereitung wird, wie im vorherigen Spiel, ein Loch gegraben und ein Kreis im gleichen Durchmesser darum gezogen.

Die vier Kinder nehmen mit ihren Steinsäckchen an den vier gegenüberliegenden Punkten des Kreises Aufstellung. Jedes Kind malt nun mit einem Stock oder dem Finger fünf Hinkelkästchen hinter sich in den Sand (siehe Illustration) und kehrt dann an den Kreisrand vor seine Hinkelreihe zurück. Wie beim Spiel „Einlochen" versuchen alle gleichzeitig, einen ihrer Steine einzulochen. Ist dieses einem Kind gelungen, so darf es einen Schritt zurückgehen und in das erste seiner Hinkelfelder treten. Von dort versucht es wieder, einen Stein im mittleren Loch zu landen. Dann darf es erneut ein Feld weitergehen. Wer zuerst das letzte seiner Hinkelfelder erreicht und von dort einen Stein im Loch gelandet hat, ist Sieger. Je nach Alter der Kinder kann auch mit weniger Hinkelfeldern gespielt werden.

Steine ins Loch

▶ **Anzahl:** 4 Kinder je Spielgruppe
Material: je Kind 10 Steine, ein Stück Kreide
Spielort: draußen auf einer asphaltierten Fläche

Entsprechend dem Spiel „Hinkelsteine" wird ein Spielfeld vorbereitet, jedoch auf einer asphaltierten Fläche. Dabei wird in die Mitte ein Kreis gemalt, der einen etwas größeren Durchmesser (also ca. 25 - 30 cm) haben sollte.

Die Kinder erhalten je zehn kleine Steine. Diese sollten entweder für jedes Kind eine andere Farbe haben oder die Kinder markieren ihre Steine mit etwas Wasserfarbe, sodass sie zu unterscheiden sind. Jeder Mitspieler legt seine zehn Steine zunächst hinter sein letztes Hinkelfeld, nimmt einen der Steine in die Hand und stellt sich dort auf. Jetzt kann das Spiel beginnen.

Auf ein Startzeichen hinkeln die Kinder in einer vorher vereinbarten Weise, z.B. auf einem Bein, mit Schlusssprüngen usw., in ihren Feldern auf den Kreis zu. Sind sie am Kreisrand angelangt, versuchen sie, ihren Stein in den Kreis zu werfen. Schnell hinkeln die Kinder zurück zu ihrem Steinhaufen und nehmen den nächsten Stein auf. Damit starten sie zur zweiten Hinkelrunde. Hat ein Kind alle seine Steine geworfen, ruft es schnell „Stopp!". Für alle ist das Spiel sofort beendet. Die Kinder treten in die Kreismitte und zählen ihre im Kreis gelandeten Steine. Wer konnte die meisten Steine in der Mitte landen?

Stöckchen schießen

> Anzahl: 3 - 4 Kinder je Spielgruppe
> Material: je Kind ein ca. 15 - 20 cm langes Stöckchen
> Spielort: draußen im Sandbereich

Die Kinder stellen sich im Abstand von ca. 2 Metern zueinander im Sand auf. Jeder der Mitspieler hat ein Stöckchen in den Händen. Damit zieht er nun einen Kreis mit einem Durchmesser von ca. 80 - 100 cm um sich herum in den Sand.

Alle versuchen nun gleichzeitig ihr Stöckchen in den Kreis eines anderen Kindes zu werfen. Die Stöcke dürfen nur mit den Füßen abgewehrt werden. Wird ein Stöckchen abgewehrt und landet im freien Bereich, also außerhalb eines Kreises, so darf jedes Kind, das den Stock erreichen kann, ohne dass es dabei seinen Kreis verlassen muss, den Stock aufheben und damit einen weiteren Wurfversuch starten. Landet ein Stock in einem Kreis, bleibt er dort bis zum Ende der Spielrunde liegen. Erst wenn alle Stöcke in den Kreisen platziert sind oder unerreichbar irgendwo außerhalb der Kreise gelandet sind, findet die erste Punkteverteilung statt. Wem es gelungen ist, seinen Stock in einem anderen Kreis zu landen, der erhält dafür einen Punkt. Jetzt kann die zweite Spielrunde beginnen. Welches Kind erreicht zuerst 10 Punkte im „Stöckchen schießen"?

Hinweis: Es ist sinnvoll, die Stöcke der Kinder farbig zu markieren oder verschiedene Zeichen einzuritzen, sodass am Ende einer Spielrunde leicht festzustellen ist, wer sein Stöckchen im Kreis platzieren konnte.

Variante: Gespielt wird hierbei nur mit einem Stock. Wieder darf der Stock nur mit den Füßen abgewehrt werden. Wer nun seinen Stock durch einen gezielten Wurf im Kreis eines anderen Kindes landen kann, erhält dafür einen Punkt. Jetzt wird der Stock aber aufgehoben und es wird weitergespielt und der Werfer erhält den ersten Punkt. Gespielt wird bei dieser Variante wieder bis ein Kind 10 Punkte erreicht hat.

Variante für Kinder ab 6 Jahren: Bei dieser Variante können nur vier Kinder mitspielen. Je zwei Kinder bilden ein Team. Jedes Spielpaar erhält gemeinsam einen farbig markierten Stock, den eines der beiden Kinder zu Beginn in den Händen hält. Alle Kinder stehen wie oben beschrieben in ihren Kreisen. Nun versuchen die Teams, ihren Stock in einem der beiden Kreise des anderen Teams zu landen. Dabei dürfen sich die beiden zusammen spielenden Kinder ihren Stock auch zuwerfen. Wird ein Wurfversuch gestartet, so darf wieder nur mit den Füßen abgewehrt werden. Jedoch aufgepasst: wird jetzt ein Stock mit dem Fuß weggeschleudert, so muss der Werfer loslaufen und das Stöckchen zurück holen. Es ist also gut, dass Stöckchen möglichst weit wegzuschleudern. Dann muss eines der beiden Kinder des anderen Teams seinen Kreis verlassen. Dadurch haben die anderen eine gute Möglichkeit, ihren Stock im Kreis des anderen Teams zu platzieren und so einen Punkt zu erzielen.

Schatzsuche

> Anzahl: zwei Gruppen mit je 4 - 5 Kindern
> Material: zwei kleine Pappschachteln oder Ähnliches
> Spielort: draußen, Außengelände, Garten oder Wald

Die Kinder werden in zwei Gruppen eingeteilt. Wird das Spiel zum ersten Mal durchgeführt, sollte jede Gruppe von einem Erwachsenen begleitet werden. Die Spielgruppen haben die Aufgabe, gemeinsam einen kleinen Spaziergang zu machen und dabei zehn Schätze in ihrem Karton zu sammeln. Dabei müssen sie bei allen gesammelten Gegenständen aus der Natur sicher sein, dass es diese Dinge auf dem Gelände noch ein zweites Mal gibt. Ein Beispiel: Die Gruppe legt eine Kastanie in den Karton. Auf dem Gelände steht ein Kastanienbaum. Dort liegen noch viele weitere Kastanien.

Nachdem die Gruppen gemeinsam zehn Gegenstände gesammelt haben, treffen sich beide Gruppen wieder am Ausgangspunkt und tauschen ihre Schatzkisten. Jetzt soll jede Gruppe alles, was sie in der erhaltenen Schatzkiste findet, ein zweites Mal suchen und mitbringen. Das heißt, findet die Gruppe in dem Karton eine Feder, so muss sie eine zweite, möglichst gleiche Feder suchen. Sind beide Gruppen von ihrer Schatzsuche zurückgekehrt, werden erneut die Kartons getauscht. Jetzt wird kontrolliert, ob die anderen auch die richtigen Schätze mitgebracht haben.

Hinweis: Sind die Kinder noch etwas jünger, so kann das Spiel besser folgendermaßen durchgeführt werden: Die Spielleitung bereitet einen Pappkarton vor, in dem sich zehn Schätze befinden, die sie auf dem Außengelände gefunden hat. Von jedem Teil existiert mindestens ein weiteres. Vielleicht wird der Karton auch noch ein wenig lustig gestaltet und mit einer Adresse und einem Brief versehen, der an die Kinder gerichtet ist.

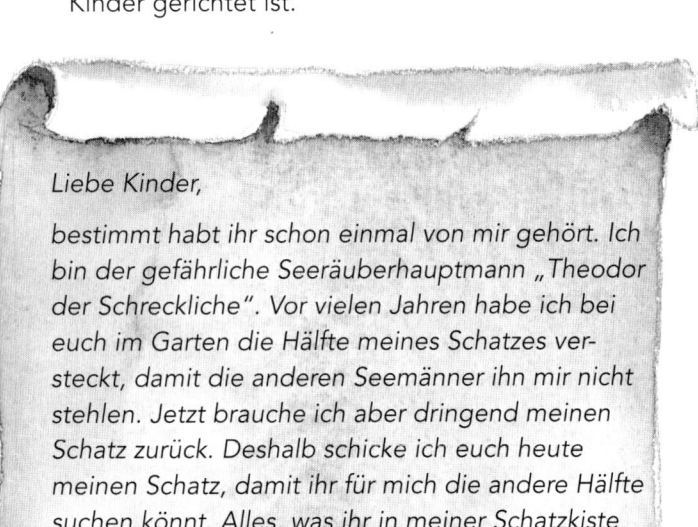

Liebe Kinder,

bestimmt habt ihr schon einmal von mir gehört. Ich bin der gefährliche Seeräuberhauptmann „Theodor der Schreckliche". Vor vielen Jahren habe ich bei euch im Garten die Hälfte meines Schatzes versteckt, damit die anderen Seemänner ihn mir nicht stehlen. Jetzt brauche ich aber dringend meinen Schatz zurück. Deshalb schicke ich euch heute meinen Schatz, damit ihr für mich die andere Hälfte suchen könnt. Alles, was ihr in meiner Schatzkiste seht, muss es noch ein zweites Mal bei euch im Garten geben. Vielleicht denkt ihr nun, das sind doch keine Schätze. Aber auf meiner Insel, auf der ich heute lebe, kann ich die Sachen gut gebrauchen. Schickt sie mir doch so schnell wie möglich zurück.

Vielen Dank und liebe Seeräubergrüße
von eurem Theodor.

Gemeinsam öffnen die Kinder den Karton und suchen gemeinsam die entsprechenden Gegenstände auf dem Außengelände. Anschließend wird das Paket mit den jeweils doppelten Schatzteilen wieder gepackt und die Spielleitung verspricht, das Paket an Theodor zurückzusenden. Eventuell wird das Päckchen sogar mit der Anschrift des Seeräuberhauptmanns und einer Briefmarke versehen. Dann ist diese kleine Spielaktion für jüngere Kinder noch glaubwürdiger und spannender.

Hinweis: Diese Schatzsuche lässt sich auch sehr gut auf einem Kindergeburtstag zu Hause durchführen. Sie ist ebenso auf einem Waldspaziergang spielbar und dort noch spannender, weil die Kinder das Gelände noch nicht kennen. Jedoch muss dann der Weg von der Spielleitung bereits vorher abgegangen und der Schatz gesammelt werden.

Versteckte Puzzle

Anzahl: 2 - 30 Kinder
Material: zwei unterschiedlich farbige Bögen Tonpapier, Buntstifte, Scheren
Spielort: draußen, Außengelände, Garten oder Wald

Die Kinder teilen sich in zwei gleich große Gruppen auf. Jede Gruppe malt, unbeobachtet von der anderen Gruppe, auf den Bogen Tonpapier gemeinsam ein Bild für die andere Gruppe. Dazu können die Kinder ruhig an verschiedenen Stellen gleichzeitig malen. Ist das bunte Bild fertig gestellt, wird es in insgesamt zehn Puzzleteile zerschnitten. Dabei sollte die Spielleitung den Kindern Hilfestellung leisten. Anschließend sammelt die Spielleitung die Puzzleteile beider Gruppen ein und versteckt alle Teile auf dem Außengelände. Jetzt heißt es für beide Gruppen, so schnell wie möglich alle zehn Puzzleteile der anderen Gruppe zu suchen. Sind diese gefunden, muss jede Gruppe das Puzzle auf dem Boden zusammensetzen. Welche Gruppe als erstes das Puzzle zusammengesetzt hat, gewinnt das Spiel.

Hinweis: Wenn die Möglichkeit besteht, die Puzzleteile unbemerkt von den anderen im Außengelände zu verstecken, können die Kinder ihre Teile für die andere Gruppe auch selbst verstecken. Ebenso kann die Spielleitung für die Kinder selbst ein Puzzle anfertigen und verstecken (auch im Wald), das dann bei einem gemeinsamen Spaziergang gesucht werden muss. Das Puzzle könnte auch einen Schatzplan darstellen, der anschließend den Weg zu einem verborgenen Schatz im Wald weist. Dort findet dann jedes Kind eine kleine Überraschung für sich.

Farbe zu Farbe

> Anzahl: 2 - 30 Kinder
> Material: ein Säckchen mit verschieden farbigen Murmeln, je Gruppe eine Tasche, Korb oder Rucksack
> Spielort: draußen, Außengelände, Garten o. Wald

Die Kinder werden von der Spielleitung in kleine Gruppen eingeteilt. Aus jeder Gruppe darf eines der Kinder aus dem Murmelsäckchen zwei Murmeln ziehen. Mit ihrem Korb macht sich dann jede Gruppe gemeinsam auf den Weg. Auf ihrem Spaziergang sollen sie jetzt Gegenstände sammeln, die in den gleichen Farben sind wie die gezogenen Murmeln. Hat eine Gruppe zufällig zwei gelbe Murmeln gezogen, so dürfen sie nur Dinge mit dieser Farbe mitbringen. Am Ende des Spazierganges breitet jede Gruppe im Kindergarten ihre gesammelten Schätze auf einem Tuch aus und präsentiert sie den anderen Gruppen.

Nanu, was ist denn hier los?

> Anzahl: 2 - 30 Kinder
> Material: —
> Spielort: draußen

Die Kinder werden bei größerer Anzahl in zwei gleich große Gruppen eingeteilt. Die erste Gruppe hat die Aufgabe für die zweite Gruppe das Außenspielgelände des Kindergartens oder ein begrenztes Wald- oder Gartenstück zu verändern. Dazu muss die Detektivgruppe, also die zweite Gruppe, sich das Gebiet genau einprägen und sich nach Möglichkeit viele Einzelheiten merken. Anschließend gehen die Kinder der zweiten Gruppe für kurze Zeit hinein. Jetzt verändert die erste Gruppe insgesamt fünf bis zehn Kleinigkeiten im Außengelände. Es könnte beispielsweise ein Luftballon in den Baum gehängt werden, ein Kind zieht seinen Schuh aus und stellt ihn in den Sandkasten, aus Eimern wird ein kleiner Turm auf der Rutsche gebaut und Ähnliches. Je nach Alter der Kinder können auch schwierigere Veränderungen vorgenommen werden. Dann werden die

Detektive herbeigerufen. Schnell müssen sie herausfinden, was sich alles verändert hat. Haben die Detektive die Aufgabe gelöst, tauschen die beiden Gruppen die Rollen.

Gesucht wird....

> Anzahl: 2 - 30 Kinder
> Material: je Gruppe ein Zettel mit Aufgaben (siehe Spielbeschreibung)
> Spielort: draußen, Außengelände oder Wald

Die Kinder werden in Gruppen eingeteilt. In jeder Gruppe sollten nicht mehr als 3 bis 4 Kinder sein. An jede Spielgruppe verteilt die Spielleitung einen Zettel, auf dem jeweils fünf Dinge stehen, die nach dem Startzeichen schnell von allen aus der Gruppe gemeinsam gesucht und herbeigeschafft werden müssen. Auf einem Zettel steht beispielsweise:

Gesucht wird:

- ❍ *Etwas Stinkendes*
- ❍ *Etwas Glitschiges*
- ❍ *Etwas Rundes*
- ❍ *Etwas Gelbes*
- ❍ *Etwas sehr Kleines*

Schnell machen sich die Kinder auf die Suche. Dabei geht es nicht nur darum, die Aufgabe sehr schnell zu lösen. Es ist auch wichtig, die richtigen Sachen herbeizuschaffen, die von der Jury, also den anderen Kindern auch anerkannt werden. Sind alle Gruppen wieder am Treffpunkt angelangt, stellen sie nacheinander ihre Fundsachen vor. Jede Gruppe sollte nach Möglichkeit verschiedene Dinge suchen. Hier ein paar Beispiele, was so alles auf den Zetteln stehen könnte:

Gesucht wird: Etwas sehr Altes, Weiches, Hartes, Seltenes, Kostbares, Vermodertes, Viereckiges, Lebendiges, Spitzes, Flaches, sehr Schweres, sehr Leichtes, Ekeliges, Nasses, Vertrocknetes, ein Meter langes, sehr Schönes, sehr Hässliches, Zerquetschtes, Großes ...

Bestimmt entstehen noch weitere Ideen für Suchaufgaben. Besonders schön ist bei dem Spiel zu sehen, was Kinder beispielsweise als kostbar oder ekelig erachten und wie die Kinder der anderen Gruppen das beurteilen. Können die Kinder noch nicht lesen, so muss entweder jeweils ein Erwachsener eine Gruppe begleiten und den Zettel vorlesen, oder aber die Spielleitung flüstert den Kindern je eine Suchaufgabe ins Ohr und sie ziehen dann erst los. Haben sie das gewünschte Teil herbeigeschafft, erfahren sie von der Spielleitung den nächsten Suchgegenstand.

Hinweis: Auf einem Ausflug in den Wald macht dieses Spiel noch mehr Spaß. Selbstverständlich darf draußen nichts abgepflückt oder aus der Erde gerissen werden!

Das weiche Bett

Anzahl: 2 und mehr Kinder
Material: viele Blätter
Spielort: draußen

Im Herbst können die Kinder die Blätter zu einem hohen Blätterberg zusammen harken. Nun dürfen alle Kinder mit Anlauf und großem Geschrei in den Blätterhaufen springen. Anschließend laufen sie im großen Kreis um den Blätterberg. Das erste Kind springt in die Blätter, die übrigen laufen weiter im Kreis. Dann darf das Kind den Namen des nächsten Kindes ausrufen, das sich anschließend ins „weiche Bett" fallen lassen darf.

Variante: Wer in den Blätterberg gesprungen ist, darf nicht nur das nächste Kind bestimmen, sondern gleichzeitig auch die Art, wie das folgende Kind in den Blätterberg eintauchen soll: rückwärts, auf einem Bein, seitwärts, mit einem Purzelbaum, mit den Füßen zuerst, auf dem Po landend usw.

Blätter und Hände

> Anzahl: 6 und mehr Kinder
> Material: viele Blätter
> Spielort: im Raum

Die Kinder haben auf einem Waldspaziergang viele Blätter von verschiedenen Bäumen gesammelt.

Alle nehmen im Stuhlkreis Platz. Die Blätter liegen in einem großen Blätterhaufen in der Mitte. Jetzt darf sich jedes Kind zwei Blätter aussuchen, die genauso groß wie seine Hände sind. Haben alle die passenden Blätter gefunden, so nehmen sie wieder im Kreis Platz. Nun werden nacheinander die Blätter und die dazu passenden Hände vorgestellt. Passen die Blätter vielleicht auch zu den Händen eines anderen Kindes?

Blätterschlacht

> Anzahl: 2 und mehr Kinder
> Material: viele Blätter
> Spielort: draußen

Im Garten, auf dem Außengelände oder auch im Wald haben die Kinder viele Blätter gesammelt und zu mehreren Blätterhaufen zusammen gelegt, die in einigem Abstand zueinander liegen. Jetzt kann damit eine herrliche Blätterschlacht beginnen. Dabei können den Kindern auch einzelne Blätterhaufen zugeteilt werden. Ist ihr Blätterhaufen verbraucht, müssen sie erst wieder schnell Blätter zusammen tragen, ehe sie weiter spielen können.

Blätter im Herbstwind

> Anzahl: 4 und mehr Kinder
> Material: —
> Spielort: draußen

Im Herbst können die Kinder beobachten, wie die Blätter sanft von den Bäumen auf die Erde fallen. In einem Spiel soll das einmal nachempfunden werden.

Die Kinder teilen sich in zwei etwa gleich große Gruppen. Die erste Gruppe spielt dabei die Blätter. Sanft schweben sie mit ausgebreiteten Armen umher, drehen sich einige Male und sinken schließlich sanft zu Boden. Die Kinder der zweiten Gruppe spielen den frischen Herbstwind. Sie eilen zwischen den schwebenden Blättern umher und blasen sie wieder in die Höhe, wenn diese gerade zu Boden sinken wollen. Nach Möglichkeit darf keines der Blätter zu Boden sinken. Anschließend tauschen die Gruppen die Rollen.

Der Blätterregen

> Anzahl: 3 und mehr Kinder
> Material: viele Blätter
> Spielort: draußen

Die Kinder bilden Dreiergruppen. Eines der Kinder legt sich auf den Rücken in die Wiese oder, falls es zu kalt ist, auf eine Decke. Die anderen beiden Kinder sammeln viele Blätter um das Kind herum. Das liegende Kind schließt die Augen. Die Spielpartner bedecken es nun mit vielen Blättern. Dabei können sie die Blätter von oben hernieder schweben lassen. Die Kinder können das liegende Kind auch langsam nacheinander mit einzelnen Blättern vollkommen zudecken bis es schließlich ganz bedeckt ist.

Duftende Blätter

> Anzahl: 2 und mehr Kinder
> Material: pro Kind ein Strohhalm
> Spielort: draußen

Zu zweit unternehmen die Kinder einen Spaziergang durchs Gelände. Dabei sollen die beiden allerlei Blätterhaufen, die sie entdecken, beschnüffeln. Gibt es unterschiedlich duftende Blätterhaufen oder riechen Blätter wirklich stets gleich? Das Spiel kann erweitert werden, indem die Kinder zusätzlich eine Lupe zur Hand haben. Jetzt sollen die Blätterberge auch noch mit der Lupe genau untersucht werden.

Menschenbäume

Anzahl: 8 und mehr Kinder
Material: Maßbänder
Spielort: im Wald

Auf einen Waldspaziergang nimmt die Spielleitung mehrere Maßbänder mit. Unterwegs beginnt die Suche nach besonders dicken Bäumen. In Kleingruppen gehen die Kinder mit je einem Maßband pro Gruppe los und messen unterwegs den Umfang verschiedener Bäume. Ist ein besonders dicker Baum gefunden, soll der Umfang einmal nachgestellt werden.

Zuerst messen die Kinder mit dem Maßband den Umfang des Baumes. Dann stellen sich zwei, drei, vier oder noch mehr Kinder zu einem Kreis zusammen und fassen sich bei den Händen. Zwei andere Kinder dürfen nun den Umfang des „Menschenbaumes" messen. Muss noch ein weiteres Kind hinzu kommen oder ist der Menschenbaum schon genauso dick wie der „echte" Baum? Danach setzen alle den Spaziergang fort und suchen den nächsten, besonders dicken Baum.

Blättergespür

Anzahl: 2 und mehr Kinder
Material: viele Blätter
Spielort: im Wald oder Garten

Im Herbst, wenn bereits viele Blätter gefallen sind, machen die Kinder an einem sonnigen Tag einen Spaziergang in den Wald. Wer ein Außengelände oder Garten hat, in dem viele Laubbäume stehen, kann das Spiel auch dort durchführen.

Mit nackten Füßen laufen alle durch die auf dem Boden liegenden Blätter. Zunächst versuchen sie es mit offenen Augen, später werden einzelnen Kindern die Augen verbunden. Sie werden dann von einem anderen Kind durch die Blätter geführt.

Variante: Auf einem Rasenstück wird aus Blättern ein Kreis gelegt mit einem Durchmesser von ca. 1,5 Metern. Im Abstand von etwa 10 - 15 Metern starten die Kinder. Jedes Kind hat nackte Füße und die Augen geschlossen oder mit einem Tuch verbunden. Sie sollen versuchen, mit ihren Füßen den Kreis zu ertasten und sich in die Mitte des Kreises zu stellen. Wenn sie glauben, in der Kreismitte angelangt zu sein, öffnen sie die Augen. Die Kinder sollten bei diesem Spiel möglichst leise sein und von der Spielleitung jeweils einzeln auf die Strecke geschickt werden.

Hinweis: Haben Sie bitte keine Angst, die Kinder einmal mit nackten Füßen im Herbst für kurze Zeit herum laufen zu lassen. So leicht erkälten Kinder sich nicht und es ist zudem sehr gesund.

Wir malen mit Blättern

Anzahl: 4 und mehr Kinder
Material: viele Blätter
Spielort: draußen

Viele Blätter werden auf dem Außengelände zusammen geharkt oder auch auf einem Waldspaziergang gesammelt und auf der Wiese des Kindergartens aufgehäuft. Gemeinsam soll versucht werden, ein Bild aus Blättern auf der Wiese oder im Sandbereich zu legen. Dabei können alle Kinder zusammen spielen. Es kann aber auch in Kleingruppen ein Bild entstehen.

Da die Bilder schon bald vom Wind zerstört werden, sollten Fotos von den Blätterbildern gemacht werden, um sie später im Kindergarten auszuhängen.

Schätze im Sandkasten

Anzahl: 3 und mehr Kinder
Material: 10 Steine
Spielort: im Sandbereich

Mit einem Stock wird im Sandkasten ein Kreis mit einem Durchmesser von ca. 1 Meter in den Sand gemalt. Eines der Kinder vergräbt in das markierte Feld zehn Steine. Jetzt nehmen die beiden anderen Kinder zu beiden Seiten des Kreises Aufstellung. Mit nackten Füßen müssen sie versuchen, den Sand um zu pflügen und Steine aufzustöbern. Wer findet wohl die meisten Schätze im Sandkasten?

Steinspringen

Anzahl: 2 und mehr Kinder
Material: pro Kind ein Stein
Spielort: draußen

Die Kinder stellen sich mit jeweils einem Stein in den Händen nebeneinander an einer Startlinie auf. In ca. 10 Metern Entfernung ist eine Ziellinie markiert worden. Auf ein Startzeichen sollen die Kinder nun möglichst schnell die Wegstrecke zurücklegen. Dabei werfen sie ihren Stein vor sich auf den Boden und springen anschließend darüber. Dann heben sie den Stein wieder auf und werfen ihn erneut vor sich. Wer jedoch den Stein zu weit wirft, sodass er den Sprung darüber nicht mehr schafft, muss mit seinem Stein von vorn beginnen.

Variante: Das Spiel kann auch als Staffel durchgeführt werden. Dazu bilden die Kinder gleich große Gruppen, die sich nebeneinander an der Startlinie aufstellen. Die Kinder müssen die Strecke hin und zurück in Schlusssprüngen über den Stein bewältigen und ihn dann an das nächste Kind in der Reihe übergeben.

Rund um unseren Kindergarten

Kinder erleben ihre „Um"-welt im Spiel

Das Umfeld jedes Kindergartens ist anders. Mancher Kindergarten liegt mitten in der Stadt, ein anderer ganz versteckt am Ortsrand. Doch um jeden Kindergarten herum gibt es etwas zu entdecken.

Kinder sind neugierig. Sie lieben es, die Einrichtung zu verlassen und ihre Umwelt zu erforschen. Wer Kindergärten „öffnen" will, sollte sich auch dem Wohnumfeld öffnen und gemeinsam mit den Kindern auf Entdeckungstour rund um die Einrichtung gehen. Welche Nachbarn haben wir eigentlich? Wer bringt uns täglich die Post? Wie heißt der Bäcker an der Ecke und wie schmecken bei ihm die Brötchen? Wer schmeißt all den Müll auf die Straße?

Viele spannende Fragen tauchen auf. Kleine Entdeckungs- und Erforschungsspiele führen Kinder durch das Wohnviertel. Dabei erfahren die Kinder nicht nur allerlei Neues, sie lernen auch, sich mit mehr Sicherheit und Selbstvertrauen in ihrer Umwelt frei zu bewegen.

Ebenso kann das Spielabenteuer *Rund um unseren Kindergarten* auch für die ErzieherInnen und Kinder viele neue Kontakte und Beziehungen schaffen. Die Arbeit des Kindergartens wird nach außen getragen, gute nachbarschaftliche Verbindungen können entstehen und ein Stück „miteinander leben" wird Wirklichkeit.

Die Welt um uns entdecken

▶ **Anzahl: 2 und mehr Kinder**
▶ **Material: Plakatkarton, Klebstoff, Stifte, Scheren, alte Zeitschriften**
▶ **Spielort: im Raum, rund um den Kindergarten**

Aus alten Zeitungen und Zeitschriften hat die Spielleitung verschiedenste Dinge ausgeschnitten: Fahrräder, Autos, Menschen, Kinder, einen Spielplatz, Parkplatz, Fassaden von Einkaufsgeschäften, Müllcontainer, Weiden, Tiere, Bauernhof, Briefkasten, Bushaltestelle ...

Gemeinsam sollen die Kinder in Kleingruppen die „Um"-welt des Kindergarten gestalten und auf einen Plakatkarton aufkleben. Welche Dinge haben die Kinder draußen schon einmal entdeckt?

In die Mitte der Pappe malen wir zunächst einmal das Gebäude des Kindergartens, dann betrachten die Kinder gemeinsam die ausgeschnittenen Teile und beratschlagen, welche der Dinge sich im Umfeld des Kindergartens befinden. Diese kleben die Kinder anschließend auf den Plakatkarton. Es sollten nicht mehr als vier Kinder in einer Gruppe sein. Wird die Aktion mit zwei oder mehr Kindern durchgeführt, werden die entstandenen Bilder anschließend miteinander verglichen. Bei einem nachfolgenden Spaziergang durch das Umfeld des Kindergartens prüfen wir, was wir vergessen haben beziehungsweise ob die Dinge auch tatsächlich zu finden sind.

Ein solches Bild sollte aufgehängt werden. Nach und nach kann es ergänzt und vervollständigt werden, nämlich immer dann, wenn Kinder etwas Neues

entdeckt haben, das noch nicht auf dem Bild festgehalten wurde. Ebenso können die Kinder im Anschluss an dieses Spiel mit einem Fotoapparat gemeinsam auf Entdeckungsreise gehen und die Dinge im Bild festhalten. Es kann dann ein zweites Bild mit den selbst gemachten Fotos entstehen.

Kleine Fotografen

> **Anzahl: 6 und mehr Kinder**
> **Material: mehrere Fotoapparate, Pappe, Scheren, Klebstoff, Stifte**
> **Ort: rund um den Kindergarten**

Mit einem oder auch mehreren Fotoapparaten ausgestattet, begeben sich die Kinder in Kleingruppen auf einen Spaziergang rund um den Kindergarten. Jede Gruppe wird von einem Erwachsenen begleitet. Die einzelnen Gruppen erhalten jeweils unterschiedliche Aufgaben.

1. Gruppe: Viele Menschen werfen ihren Müll einfach achtlos weg. Ihr sollt euch auf die Suche machen und besonders verschmutzte Orte im Foto festhalten!

2. Gruppe: Rund um unseren Kindergarten leben die verschiedensten Menschen. Macht Fotos von ihnen! Fragt aber vorher um Erlaubnis!

3. Gruppe: Rund um den Kindergarten könnt ihr viele unterschiedliche Häuser entdecken. Fotografiert sie!

Andere Such- und Entdeckungsaufgaben könnten sein: Tiere, Geschäfte, Fahrzeuge, gefährliche Stellen im Straßenverkehr, schöne Gärten, Spielplätze ...

Später werden die Fotos entwickelt. Gemeinsam gestalten die Kinder auf Plakatkartons eine Fotowand zu ihrem Thema und kleben die schönsten Fotos auf. In einem Treffen mit den anderen Gruppen präsentiert jede Gruppe ihre Fotos und erzählt dazu, was sie Spannendes erlebt und entdeckt hat. Anschließend werden die entstandenen Kunstwerke im Kindergarten aufgehängt.

Jetzt sollen natürlich auch die Nachbarn des Kindergartens sehen, was die Kinder in der näheren Umgebung beobachtet und fotografiert haben. Zusammen mit der Spielleitung gestalten die Kinder für die Nachbarn eine Einladung zur Ausstellungseröffnung im Kindergarten. Diese wird fotokopiert und von den Kindern selbst in die Briefkästen geworfen. Bei Kaffee und Kuchen haben die Nachbarn die Möglichkeit, die Werke der Kinder zu betrachten.

Hallo, ist dort der Kindergarten?

Bestimmt befindet sich in der Nähe eures Kindergarten eine Telefonzelle. Viele Kinder haben aber noch nie aus einer Telefonzelle telefoniert. Wie wäre es deshalb mit einer kleinen Telefonaktion?

An jedem Tag startet die Spielleitung mit zwei Kindern aus der Gruppe. Bereits vor dem Morgenkreis begeben sie sich auf den Weg zur nächsten Telefonzelle. Von dort aus rufen die Kinder im Kindergarten an. Am nächsten Tag sind zwei andere Kinder an der Reihe. Diese kleine Aktion führt zu mehr Selbständigkeit der Kinder und macht zudem viel Spaß.

In unserem Stadtteil ist was los!

Dieses Erkundungsspiel im Stadtteil ist etwas aufwändiger und muss von der Spielleitung langfristig vorbereitet werden. Dazu werden bei einem Spaziergang durch das Umfeld verschiedene Stationen ausgewählt. Hier denkt sich die Spielleitung eine geeignete Aufgabe für die Kinder aus. Anschließend wird auf einem Blatt Papier oder Pappe eine Wegekarte gezeichnet. Darauf ist der Kindergarten als Ausgangspunkt sichtbar. Des Weiteren sind die einzelnen Gebäude und Stationen eingezeichnet, die von den Kindern gefunden werden müssen.

Mit einer Kleingruppe zieht die Spielleitung los und geht nach und nach die einzelnen Stationen auf dem Plan ab. Dort müssen Aufgaben gelöst werden. Gemeinsam betrachten die Kinder immer wieder die Wegekarte und überlegen, wo sie weiter laufen müssen. So entdecken die Kinder beispielsweise die nächste Schule, den Müllcontainer, den benachbarten Kindergarten, wer in Haus Nr. 18 wohnt, wann die Geschäfte geöffnet haben, wie viele Busse am Kindergarten vorbeifahren und so weiter. Hier einige Beispiele für mögliche Aufgaben:

❍ Welche Farbe hat das Schild an der Bushaltestelle?
❍ Schellt am Haus Nr. 18 und fragt, wie die Bewohner heißen!
❍ Kauft im Lebensmittelgeschäft zwei Liter Milch und bringt sie mit zum Kindergarten!
❍ Seht bei den Müllcontainern nach, ob sie schon geleert wurden!
❍ Singt den Kindern des Nachbarkindergartens ein Lied! Fragt, wie viele Kinder dort in den Kindergarten gehen!

Je nach Umfeld des Kindergarten ergeben sich verschiedenste Aufgaben.

Wir suchen Brieffreunde

Rund um den Kindergarten leben die verschiedensten Menschen. Wie wäre es, einigen einmal einen Brief zu schreiben und mit ihnen bekannt zu werden. Bei einem kleinen Spaziergang im Stadtteil sehen die Kinder zunächst auf verschiedenen Namensschildern an der Türschelle, wer dort wohnt. Die Namen einiger Nachbarn werden von der Spiellei-

tung notiert. Zurück im Kindergarten überlegen wir gemeinsam, was wir unseren Nachbarn schreiben können. Einige Kinder malen Bilder, die später den Briefen beigelegt werden. Zusammen werden die Briefumschläge beschriftet und mit Briefmarken versehen. Anschließend bringen die Kinder die fertigen Briefe zum Briefkasten und verbinden die Aktion mit einem Besuch auf dem Postamt.

In den Briefen bitten die Kinder die Nachbarn, ihnen doch auch einmal zu schreiben. Bestimmt erreicht euch schon bald der erste Antwortbrief, der gemeinsam im Morgenkreis gelesen wird. Dies ist eine gute Möglichkeit, mit der Nachbarschaft des Kindergartens Kontakt zu bekommen. Außerdem: nicht nur Kinder lieben es, Post zu erhalten! Vielleicht leben im Umfeld des Kindergartens einige ältere oder einsame Menschen, die sich auch über einen Brief freuen?

Der Briefkasten

Anzahl: beliebig
Material: ein Schuhkarton, Schere, Malstifte, Briefumschläge, weißes Papier
Spielort: im Kindergarten

Auch im Kindergarten selbst macht es Spaß, Post zu spielen. Aus einem Schuhkarton basteln die Kinder einen Briefkasten. Dieser wird gut sichtbar für Eltern und Kinder im Eingangsbereich aufgehängt. Durch einen Aushang werden die Eltern eingeladen, den Kindern einmal einen Brief zu schreiben. Auf einem Elternabend können die Eltern zudem über das Thema informiert und zum Mitmachen angeregt werden. Auch die Kinder dürfen jederzeit einen Brief in den Briefkasten werfen. Diese Briefe können gemalte Bilder oder auch mit Hilfe eines Erwachsenen etwas Geschriebenes sein. Briefumschläge und Papier liegen für die Kinder bereit.

Alle drei Tage wird der Briefkasten gemeinsam geleert. Jetzt ist die Spannung natürlich besonders groß, wer einen Brief bekommen hat.

Auf Fotosafari

- Anzahl: beliebig
- Material: Fotoapparat, Tonpapier, Schere, Malstifte
- Spielort: rund um den Kindergarten

Für dieses Spiel werden von der Spielleitung einige Fotos von unterschiedlichen Stationen oder besonderen Objekten rund um den Kindergarten angefertigt. Am schnellsten geht das mit der Sofortbildkamera. Auf einem großen Bogen Tonpapier wird ein Bild gemalt. Diesen Karton zerschneidet die Spielleitung in einzelne Teile. Dabei sollten so viele Puzzleteile geschnitten werden wie Fotos vorhanden sind. An jeder Fotostation wird eines der Puzzleteile für die Kinder versteckt.

Nun kann das Spiel beginnen. Die Kinder erhalten die Fotos und sollen damit zu einer Fotosafari rund um den Kindergarten starten. Wenn sie eine Station, die auf einem Foto abgebildet ist, im Stadtteil entdecken, gehen sie dort auf die Suche nach dem versteckten Puzzleteil. Dann geht es weiter zum nächsten Ort, an dem erneut ein Puzzleteil versteckt ist. Sind alle Teile entdeckt und alle Stationen aufgesucht worden, bringen die Kinder das Puzzle zurück zum Kindergarten und legen die einzelnen Teile zu einem Bild zusammen.

Hinweis: Dieses Spiel kann auch mit zwei Gruppen und jeweils unterschiedlichen Fotos als schnelles Spiel durchgeführt werden. Jede Gruppe sollte von mindestens einem Erwachsenen begleitet werden.

Mülldetektive unterwegs

- Anzahl: beliebig
- Material: Verkleidungssachen, Toilettenpapierrollen, Müllsäcke
- Spielort: rund um den Kindergarten

Bei einem kleinen Spaziergang rund um den Kindergarten entdecken die Kinder, wie viel Müll achtlos auf den Bürgersteig oder in den Straßengraben geworfen wird. Wir beschließen, Mülldetektive zu werden und den Nachbarn einmal unsere Entdeckungen zu zeigen.

Als Detektive, verkleidet mit Schlägermützen, Lupen und Ferngläsern (eine Toilettenpapierrolle für jedes Kind), machen wir uns bei unserem zweiten Spaziergang auf die Suche nach Müll. Diesen sammeln wir in Säcken und bringen ihn zum Kindergarten. Anschließend breiten wir die gefundenen Müllgegenstände aus. Gemeinsam gestalten die Kinder mit Hilfe eines Erwachsenen daraus ein Mülldenkmal. Den Abschluss dieser Müllaktion könnte eine Einladung an die Nachbarschaft per Handzettel sein, in der sie zur Besichtigung des Mülldenkmals in den Kindergarten eingeladen wird. Auch ein Brief mit beigefügtem Foto an die örtliche Presse kann von den Kindern gemeinsam mit der Spielleitung verfasst und abgeschickt werden. Auf diese Weise kann der Kindergarten seine Arbeit einmal transparent machen und nach außen tragen.

Was Mamas und Papas so machen

Auf einem Elternabend oder in einem Aushang werden die Eltern gebeten, den Kindern einmal vorzustellen, welchen Beruf sie haben und was sie dabei alles tun müssen. Eventuell sollte einige Eltern auch gezielt angesprochen werden. Vielleicht hat der ein oder andere Zeit und Lust, den Kinder bei einem Besuch von ihrer Arbeit zu erzählen, Fotos zu zeigen oder auch mit den Kindern die Arbeit einmal im Rollenspiel nachzuerleben. Gibt es jemanden unter den Eltern, den wir einmal mit einer kleinen Gruppe auf der Arbeit besuchen dürfen? Gibt es jemanden, der mit den Kindern gemeinsam etwas herstellt, bastelt oder baut, das mit seinem Beruf zu tun hat?

Hinweis: Diese Aktion sollte gut vorbereitet und gemeinsam mit den Eltern geplant und durchgeführt werden. Sie ist besonders deshalb für Kinder so spannend und wichtig, weil viele Kinder überhaupt keine Vorstellung davon haben, was ihre Eltern eigentlich tun, während sie im Kindergarten sind.

Wer will mit uns feiern?

Kinderfeste und Geburtstage mit Spiel und Spaß erleben

Im Kindergarten gibt es in jedem Jahr zahlreiche, unterschiedliche Anlässe für Feste und Feiern. Dabei fehlt es manchmal an zündenden Ideen, ein Fest interessant zu gestalten und zu einem Erlebnis werden zu lassen. Der Druck von verschiedenen Seiten, etwas Besonderes zu präsentieren ist häufig sehr groß. Wiederholt fühlt man die Erwartungshaltung, an einem solchen Festtag müsse etwas Außergewöhnliches stattfinden, das dann leider aber auch oft mit viel Arbeit und hohen Kosten verbunden ist.

Dabei müssen Feste und Feiern nicht immer mit riesigem Aufwand, viel Vorbereitung und Materialkosten verbunden sein, um zu einem tollen Ereignis für alle zu werden. Auch sollte bedacht werden, dass ein Kindergarten nicht zu einem „Konsumtempel" wird, in dem ständig Außergewöhnliches präsentiert werden muss, um den Ansprüchen zu genügen. Spannende Spiele und kleine Aktionen mit einfachen Materialien können auch eine gute Möglichkeit sein, ein Fest zu einem Abenteuer werden zu lassen.

Die hier zusammen gestellten Spielvorschläge eignen sich besonders gut für Aktionen mit Kindern und Eltern, auch wenn die Eltern zum Mitmachen oft besonders motiviert werden müssen. Ob bei einem Sommerfest, einer kleinen Geburtstagsfeier, einem Jubiläum oder einer anderen Festivität, die Anregungen in diesem Kapitel sind ohne große Vorbereitung und Organisation schnell umzusetzen und versprechen viel Spaß für Kinder und Eltern oder andere Gäste. Ebenso eignen sich die Spieleinheiten sehr gut für einen Kindergeburtstag zu Hause.

ANREGUNGEN UND IDEEN ZUR GESTALTUNG VON FESTEN

Das Gemeinschaftsnetz

Anzahl: beliebig
Material: viele, verschiedenfarbige Wollreste, Zettel, Stifte, Glitzerfolie, Luftballons, Federn und andere Gegenstände zum Dekorieren
Spielort: im Raum, Eingangsbereich

Aus Wollresten wird vor Beginn des Festes der Anfang eines Netzes in einem Raum oder besser noch im Eingangsbereich des Kindergartens geknüpft. Dafür werden verschiedenfarbige Wollfäden an Türen, Griffen oder auch Haken geknotet und immer zur anderen Raumseite gespannt. Die Fäden kreuzen sich in der Mitte. Ein großes, buntes Plakat, das auffallend gestaltet ist und gut sichtbar aufgehängt wird, lädt Eltern, Kinder und BesucherInnen des Festes ein, das Netz weiter zu bauen und gemeinsam zu gestalten. Es liegt Wolle in Körben bereit, ebenso Zettel und Stifte für diejenigen, die ein Bild malen und im Netz aufhängen möchten. Auch Luftballons, Papierstreifen aus Krepp in verschiedenen Farben, Federn, Glitzerfolie und andere Gegenstände für die weitere Gestaltung stehen bereit. Eine Person sollte während des Festes den Stand betreuen und Kinder und Erwachsene gleichermaßen animieren, sich an der Gestaltung des Netzes zu beteiligen.

Am Ende der Aktion ist bestimmt ein buntes Netz entstanden. Dieses bleibt noch einige Zeit nach dem Fest hängen, evtl. muss es lediglich etwas höher angebracht werden. Sind dann die ersten Fotos vom Fest entwickelt, werden sie ebenfalls in das Netz gehängt.

Zeitungsbilderwand

Anzahl: 8 und mehr Personen
Material: viele Zeitungen, helles Packpapier,
Stifte, Klebeband
Spielort: im Raum

An eine Wand im Eingangsbereich des Kindergartens, die für alle Festbesucher gut sichtbar ist, wird aus mehreren Bahnen weißen Packpapiers eine große Fläche geklebt und aufgehängt. Dazu klebt man mehrere Bahnen Packpapier oder auch weiße Papiertischdecken (auf der Rolle erhältlich) nebeneinander. An diese Wand können die Besucher während der gesamten Dauer des Festes „Fotos" aufhängen, die sie selbst gemacht haben. Diese Fotos sollen aus jeweils einem Zeitungsblatt gerissen werden. Ein Elternteil oder eine Mitarbeiterin geht als AnimateurIn herum und bittet die BesucherInnen, ein Foto zu reißen und an der Wand zu befestigen. Als Motive können Seitenprofile von anderen Gästen oder auch Gegenstände, die auf dem Fest gesehen werden, gerissen werden. Hier ein paar Beispiele:

❍ ein Vater reißt den Kopf seines Sohns Paul im Seitenprofil
❍ Paul reißt den Luftballon aus Zeitungen
❍ Mia reißt einen Hut
❍ Malte reißt das Stück Kuchen, das er gerade isst aus Zeitungen nach usw.

Alle gerissenen Bilder werden beschriftet und ergeben zusammen eine schöne Erinnerung an das Fest. Einige Bilder sollte bereits vor Festbeginn angefertigt und aufgehängt werden. Das animiert die Besucher zur Mitgestaltung. Statt einer Person, die über das Fest läuft, kann der Stand auch fest von einem Elternteil besetzt werden. Fotos werden dann direkt an Ort und Stelle angefertigt.

DAS FARBENFEST

Ein Fest unter das Motto „Farben" zu stellen, eignet sich besonders für ein Sommerfest im Freien. Die folgenden Anregungen sind zur spielerischen Gestaltung des Festes geeignet. Dabei ist darauf zu achten, das möglichst viele Erwachsene und Kinder mit machen, da so die Durchführung in den Kleingruppen erleichtert und ein gemeinsames Spielerlebnis für Kinder und Eltern ermöglicht wird.

Der Einstieg:

Jeder Besucher des Festes bekommt am Eingang mit Schminke einen farbigen Punkt auf die Nase gemalt. Ersatzweise können auch Bierdeckel in vier Farben beklebt und mit Bändern versehen werden. Jedem Besucher wird bei dann bei der Ankunft ein farbiger Deckel umgehängt. Es werden in etwa gleich viele Bierdeckel jeder Farbe verteilt.

Nachdem alle Gäste eingetroffen sind und sich bereits etwas umgesehen haben, werden sie von der Spielleitung begrüßt und zu einem Farbentanz eingeladen.

Der Farbentanz

Anzahl: beliebig
Material: schnelle Tanzmusik
Spielort: Außengelände oder große Turnhalle

Zu einer schnellen Musik bewegen sich die Großen und Kleinen auf der Tanzfläche. Setzt die Musik aus, so ruft die Spielleitung: *Farbe zu Farbe!* Schnell müssen sich alle Personen mit der gleichen Farbe zusammen finden. Startet die Musik erneut, wird weitergetanzt bis zum nächsten Stopp. Zum Schluss bleiben die Farbgruppen zusammen stehen.

Rot, Blau, Gelb und Grün

Jeder Gruppe ordnet sich nun eine BetreuerIn zu. In Kleingruppen soll nun gemeinsam etwas vorbereitet werden, das am Ende des Festes bei einer kleinen Aufführung für alle vorgestellt wird.

Auf dem Festplatz oder im Kindergarten sind vier verschiedenfarbige Ecken vorbereitet worden. Hier steht für jede Gruppe bereits das benötigte Material für die weitere Gestaltung bereit. Farbige Schilder kennzeichnen zudem, wer in welche Ecke gehört. Bevor sich die Gruppen in ihre Räume/Bereiche zurückziehen, erklärt die Spielleitung die Aufgaben.

„Wir wollen heute gemeinsam ein Farbenfest feiern. Vier verschiedene Farben haben sich hier versammelt. Wir wollen einander zunächst einmal lautstark begrüßen. Ich begrüße die ‚Gelben!'"
Die Gruppe der „Gelben" wird mit Applaus begrüßt. Wurden alle Farbgruppen willkommen geheißen, erklärt die Spielleitung weiter:

„Natürlich hat jede Farbe so seine bestimmten Eigenheiten und Fähigkeiten. Ich bitte euch nun, in eure Farbbereiche zu gehen und zusammen verschiedene Dinge vorzubereiten, die ihr dann zum Abschluss des Farbenfestes den anderen vorführen könnt! Ihr habt alle eine Betreuung, die euch mit Rat und Tat zur Seite steht. So, und nun viel Spaß bei der Vorbereitung!"

Eltern und Kinder begeben sich nun entsprechend ihrer Farbe in die einzelnen Bereiche. Hier sollen sie nun eine oder mehrere der vorgeschlagenen Aufgaben erfüllen und im Laufe des Festes vorbereiten:

❍ Verkleidet und schminkt euch zunächst entsprechend eurer Gruppenfarbe. Allerlei Verkleidungssachen sowie Schminke und Spiegel liegen bereit.

❍ In jeder Gruppe steht ein Kassettenrekorder mit einer ausgewählten Musik für die Gruppe bereit. Die Gruppe soll gemeinsam zu dieser Musik einen Tanz vorbereiten und später auf dem Fest den anderen vorführen.

❍ Überlegt euch zusammen eine kleine Klatsch- oder Klanggeschichte, die zur Farbe eurer Gruppe passt und führt sie auf dem Fest mit den anderen durch. Auch Musikinstrumente und andere klingende Gebrauchsgegenstände könnten hier zum Einsatz kommen.

❍ Denkt euch typische, witzige Bewegungsarten und Mimiken aus, die ihr gemeinsam einstudiert. Ihr dürft euch fortan nur noch so bewegen und verhalten. Einige Beispiele: Die „Blauen" sind Roboter und bewegen sich ganz abgehackt und zackig, die „Gelben" sind leider etwas schmuddelig. Sie kratzen sich ständig am ganzen Körper.

❍ Denkt euch einen Anfeuerungsruf oder einen Spruch aus, den ihr immer wieder ausruft.

○ Denkt euch eine lustige Sportart aus, die von den anderen auf dem Fest nachgemacht werden muss.

○ Gemeinsam soll etwas gebastelt werden: aus Kartons ein großes Denkmal – aus gerollten Zeitungen und Klebeband ein Fahrrad – einen typischen Hut für jeden aus der Farbgruppe usw.

○ Zusammen wird eine kleine, schon vorbereitete Theaterszene einstudiert und zur Aufführung gebracht.

○ Ein Sing-, Finger- oder Kreisspiel einstudieren und den anderen vorführen.

○ Ein Lied dichten und vorsingen.

Die Spielleitung geht von Gruppe zu Gruppe, gibt Tipps und Hilfestellungen und koordiniert, wann die Gruppen fertig sein werden und die Aufführung beginnen kann. Mit viel Applaus werden dann die vorbereiteten Aktionen präsentiert.

Während Eltern und Kinder in den Gruppen beschäftigt sind, sollte eine Person Fotos von den Vorbereitungen machen. Diese werden nach dem Fest im Kindergarten ausgehängt.

Hinweis: Nach Möglichkeit sollten vier Räume oder draußen vier Ecken, Zelte oder Pavillons in verschiedenen Farben gestaltet sein. Auch die Betreuer sollten sich bereits vor Beginn in vier unterschiedlichen Farben verkleidet und geschminkt haben. Die Spielleitung könnte ganz bunt gekleidet sein!

DIE HUTPARTY

Mit Hüten in den verschiedensten Farben und Formen lassen sich tolle Spiele veranstalten, ja sogar ein ganzes Fest feiern.

Der Einstieg:

Ein aus Tonpapier ausgeschnittener Hut kann als Einladungsplakat für ein Hutfest gestaltet werden. Darauf sollte der Eintrittspreis deutlich sichtbar vermerkt sein. „Eintrittspreis: ein alter Hut!"

Im Folgenden sind einige Spiele und Aktionen für eine Hutparty zusammen gestellt.

TANZSPIELE MIT HÜTEN

Hutwechsel

> **Anzahl: beliebig**
> **Material: für die Hälfte der Tanzgruppe Hüte, schnelle Musik**
> **Spielort: im Raum oder draußen**

Die Hälfte der Tanzenden erhält einen Hut und setzt ihn sich auf den Kopf. Zu einer schnellen Musik tanzen alle durcheinander. Dabei müssen die Hüte ganz schnell von Kopf zu Kopf weitergereicht werden. Wer also einen Hut auf dem Kopf hat, tanzt schnell zu einem anderen Kind und setzt diesem den Hut auf.

Was steckt unter dem Hut?

> **Anzahl: beliebig, gerade Zahl**
> **Material: viele Hüte, allerlei Alltagsgegenstände, schnelle Musik**
> **Spielort: im Raum**

Auf dem Boden werden die Hüte mit etwas Abstand zueinander ausgelegt. Die Mitspielenden schließen kurz die Augen. Unter den Hüten versteckt die Spielleitung nun verschiedene Alltagsgegenstände z. B.: Bauklotz, Schlüssel, Apfel, Kastanie, Ball, Kinderschuh, Tasse, Ring, Stein und so weiter.

Jetzt dürfen die Augen geöffnet werden. Eine schnelle Tanzmusik erklingt. Zu dieser Musik tanzen die Mitspieler um die Hüte herum. Dabei dürfen sie die Hüte kurz anheben und darunter schauen. Wenn die Musik stoppt, ruft die Spielleitung einen Gegenstand aus. Schnell müssen sich die Kinder um den Hut, der den betreffenden Gegenstand enthält, versammeln und auf den Boden setzen. Jetzt wird der Hut gelüftet. Ist der gesuchte Gegenstand darunter, rufen alle laut „Ah!", ist es der falsche Gegenstand, ertönt ein enttäuschtes „Oh!". Dann beginnt die zweite Tanzrunde.

Fang den Hut!

> **Anzahl:** 8 und mehr Personen
> **Material:** pro Person ein Hut
> **Spielort:** im Raum

Jeder Mitspieler hat einen Hut auf dem Kopf. Auf dem Boden sind viele alte Zeitungen ausgelegt. Bevor das Tanzspiel beginnt, sucht die Spielleitung einen Hut aus, der gefangen werden muss. Diesen Hut trägt zu Anfang eine Person.

Die Musik ertönt und alle tanzen miteinander. Dabei tauschen sie immer wieder mit anderen den Hut. Auch der auserwählte Hut wechselt ständig den Besitzer. Plötzlich stoppt die Musik. Jetzt muss die Person, die in diesem Augenblick den besonderen Hut trägt, versuchen, sich möglichst schnell auf eine der Zeitungen zu setzen, ehe sie von einem anderen berührt wird. Dann beginnt die zweite Tanzrunde, bei der zu Anfang wieder ein anderer Hut ausgesucht wird, der beim nächsten Musikstopp gefangen werden muss.

Hilfe, ein Hut!

> **Anzahl:** beliebig
> **Material:** ein Hut, schnelle Musik
> **Spielort.** im Raum

Eine MitspielerIn setzt sich einen Hut auf den Kopf. Die Musik ertönt und die Mitspielenden tanzen umher. Dabei wandert der Hut von Kopf zu Kopf. Er muss beim weitergeben angenommen werden. Plötzlich stoppt die Musik. Wer jetzt den Hut auf dem Kopf hat, darf den nächsten Musikstopp bestimmen.

Fliegende Zeitungsbälle

> **Anzahl:** 4 und mehr Personen
> **Material:** viele Zeitungen, Kreide oder Klebeband, je Paar ein Eimer oder eine Schüssel und ein Hut
> **Spielort:** draußen oder im Raum

Die Kinder bilden Spielpaare. Auf dem Boden werden im Abstand von 2 - 3 Metern mit Kreide oder Klebeband zwei parallele Linien gezogen. Hinter der einen Linie nimmt jeweils ein Mitspieler eines Paares Aufstellung. Er hält einen Hut, mit der offenen Seite nach oben weisend, vor dem Körper in den Händen. Hinter jedem Mitspieler steht ein Eimer oder eine Schüssel bereit. Der Partner stellt sich gegenüber hinter der anderen Linie auf. Er hat einen Stapel alter Zeitungen neben sich liegen. Es stehen bei diesem Wettkampfspiel mehrere Spielpaare in der Reihe nebeneinander.

Auf ein Startzeichen müssen die Mitspieler auf der einen Seite aus den Zeitungen Bälle formen und dann versuchen, diese in den Hut des Partners auf der anderen Seite zu treffen. Wird ein Ball mit dem Hut gefangen, so wird er in den Eimer gelegt. Dann wird versucht, den nächsten Zeitungsball aufzufangen. Nach der vereinbarten Zeit zählen die Spielpaare ihre gesammelten Bälle.

Oma, Opa … Oskar!

> **Anzahl:** 6 und mehr Personen (gerade Anzahl)
> **Material:** für die Hälfte der Gruppe Hüte
> **Spielort:** draußen

Auf dem Boden werden mit Kreide drei parallele Linien markiert, eine Mittellinie und rechts und links davon im Abstand von 4 - 5 Metern je eine weitere Linie.

Die Mitspieler stellen sich in zwei Reihen Rücken an Rücken auf der Mittellinie auf. Jede Person benötigt einen Partner in seinem Rücken. Die Mitspieler einer Reihe setzen sich jeder einen Hut auf. Alle gehen in die Hocke, am Ende der Reihen nimmt die Spielleitung Aufstellung. Sie begrüßt die Mitspielenden mit den Hüten, das sind die Opas. Auf der anderen Seite stehen die Omas. Die Spielleitung gibt am Rand die Kommandos. Ruft sie „Opas!", so müssen die Opas schnell versuchen, ihren Hut der Oma in ihrem Rücken aufzusetzen. Das heißt, sie drehen sich um und rennen hinter den Omas her. Diese laufen, wenn sie den Ausruf „Opas!" hören, hinter ihre Endlinie. Sie wollen sich nämlich keinen Hut aufsetzen lassen. Der Opa, dem es gelingt seiner Oma den Hut aufzusetzen, bevor sie hinter der Linie ist, der tauscht mit der Oma die Rolle.

Mit einem lauten Instrument ruft die Spielleitung die Mitspieler zur Mittellinie, wo sie erneut Aufstellung nehmen für die nächste Runde.

Ruft die Spielleitung „Omas!", drehen die Omas sich blitzschnell um und probieren, den Opas den Hut zu stehlen, ehe diese hinter ihre Endlinie gelangt sind. Schafft es eine Oma, tauscht sie wieder mit dem Opa die Rolle.

Hinweise: Die Spielleitung kann zwischendurch allerlei Personen aufrufen, die gar nicht mitspielen. So zum Beispiel: Otto, Onkel Hugo, Oskar, Ottilie und andere. Dann müssen alle ganz still sitzen bleiben und dürfen sich nicht rühren. Die Spielleitung sollte das „O" lang anhalten und die Namen schnell wechseln. So kommt mehr Spannung ins Spiel.

Der Hutturm

Anzahl: 8 und mehr Personen
Material: pro MitspielerIn ein Hut, ein Hut extra
Spielort: im Raum oder draußen

Die Kinder sitzen im Kreis auf dem Boden. In der Mitte liegt ein Hut mit der offenen Seite nach unten. Jede MitspielerIn legt auf einen seiner nackten Füßen einen Hut. Jetzt wollen wir gemeinsam in der Mitte einen Hutturm bauen, der nicht umstürzen darf.

Dazu hüpft die erste Person in die Mitte. Sie balanciert den Hut auf dem Fuß und probiert, den Hut auf den dort bereits liegenden zu stapeln. Ist dies gelungen, so startet die nächste Person im Kreis und versucht ihren Hut auf dem Fuß in die Mitte zu tragen und oben auf dem Turm zu platzieren. Wenn der Turm umfällt, ehe der letzte Hut obenauf liegt, beginnt das Spiel von neuem. Sind aber alle Hüte auf einem Turm aufgebaut, kann mit dem Abbau begonnen werden. Nach einander treten alle Mitspielenden einzeln an den Turm und nehmen mit einem Fuß vorsichtig einen Hut ab und bringen ihn an ihren Platz.

Stock und Hut

> **Anzahl:** 4 und mehr Personen, gerade Zahl
> **Material:** je Spielpaar ein Hut und ein Laternenstock (oder ein anderer Stock)
> **Spielort:** im Raum oder draußen

Auf dem Boden sind mit einem Abstand von 2 - 3 Metern zwei parallele Linien mit Kreide oder Kreppband markiert. Die Mitspieler bilden Paare und stellen sich jeweils hinter eine der beiden Linien auf. Eine Person trägt den Hut in Händen, die andere den Laternenstock.

Die Spielleitung gibt das Startzeichen. Nun wirft der Hutbesitzer seinem Partner den Hut zu. Dieser versucht, den Hut mit der Stockspitze aufzufangen. Der Hut darf nicht zu Boden fallen. Ist dies gelungen, so erzielt das Paar den ersten Punkt. Landet der Hut auf dem Boden, gehen die beiden leer aus. Jetzt wird der Hut schnell zurück geworfen und alle starten den nächsten Versuch. Nach einer Minute wird gezählt. Welche Gruppe konnte am häufigsten den Hut auf dem Stock landen?

Hutstaffel

> **Anzahl:** 8 und mehr Personen
> **Material:** pro Kind ein Hut
> **Spielort:** draußen oder im Raum

Die Teilnehmer gehen in Gruppen zu je vier Personen zusammen und stellen sich hintereinander hinter einer Startlinie auf. In etwa 10 Metern Entfernung ist mit Kreide oder Klebeband eine Ziellinie auf dem Boden markiert. Hinter dem letzten Spieler in der Reihe liegt der Hutstapel, und zwar für jeden Mitspieler ein Hut.

Jetzt gibt die Spielleitung das Startsignal. Der hintere Mitspieler hebt den ersten Hut auf und setzt ihn dem vor sich stehenden Mitspieler auf den Kopf. Dieser setzt es dem nächsten Mitspieler in der Reihe auf. So wandert der Hut von Kopf zu Kopf bis er beim ersten Mitspieler angelangt ist. Sobald dieser den Hut aufsitzen hat, rennt er mit dem Hut hinter die Ziellinie und zückt dort den Hut. Das ist für den hinteren Mitspieler das Zeichen den nächsten Hut ins Spiel zu bringen, der erneut von Kopf zu Kopf nach vorne wandert. So brausen die Mitspielenden nach und nach mit einem Hut auf die andere Seite und stellen sich dort hintereinander, diesmal jedoch mit Kopfbedeckung auf. Welche Gruppe ist wohl am schnellsten?

Hutkreisen

> Anzahl: 6 und mehr Personen
> Material: ein Stock und ein Hut
> Spielort: draußen oder im Raum

Die Kinder stellen sich im Kreis auf, mit den Gesichtern zur Kreismitte. Auf die Spitze eines Stockes setzt die Spielleitung den Hut.

Jetzt wird der Stab im Kreis in eine Richtung weitergereicht. Dabei darf der Hut nicht herunter fallen. Nach kurzer Zeit klatscht die Spielleitung in die Hände. Dies ist das Zeichen für einen Richtungswechsel. Nun wird der Stab in der anderen Richtung weitergegeben. Dann steigern wir das Tempo. Zuletzt versuchen wir einmal, den Stab mit geschlossenen Augen weiterzureichen, ohne dass der Hut herabfällt.

Zielwerfen mit Hut

> Anzahl: 2 und mehr Personen
> Material: je Paar ein Hut
> Spielort: im Raum oder draußen

Zwei Mitspieler stehen mit den Gesichtern zueinander im Abstand von etwa 2 - 3 Metern. Ein Mitspieler hält den Hut. Er versucht nun, den Hut zu schleudern, sodass dieser auf dem Kopf des Partners landet. Die beiden zählen die geglückten Landungen. Nach zehn Würfen wechseln die beiden die Rollen.

Dieses Spiel ist auch als Wettspiel mit mehreren Paaren auf einem Fest durchführbar. Dann haben die Mitspieler eine Minute lang Zeit, den Hut auf den Kopf des Partners zu werfen. Wer hat am Ende die meisten Treffer?

ABENTEUER IM REGENWALD

EINE MITSPIELAKTION FÜR FESTE UND KINDERGEBURTSTAGE

Das Thema „Regenwald" bietet vielfältige Möglichkeiten für ein gemeinsames Spielerlebnis ebenso wie bei der Gestaltung. Daher eignet es sich besonders für Feste und Kindergeburtstage. Die Festbesucher sind hier eingeladen zu einer spannenden Reise in den Regenwald.

Bei dieser Spielaktion kann sowohl das Außengelände als auch die Turnhalle des Kindergartens mit seinen Spielgeräten (Bänke, Böcke, Matratzen usw.) einbezogen und als Spielfläche gestaltet werden. Die Reise durch den Regenwald führt uns zu vielerlei Hindernissen: Brücken, reißenden Flüssen, durch dicht bewachsenes Gebiet in dem viele Gefahren auf uns lauern.

Der Einstieg:

Die Spielleitung begrüßt die Teilnehmer der Reise. Eine interessante, lustige Verkleidung etwa als Urwaldforscher mit Tropenhut, Schmetterlingsnetz, Rucksack, Knickerbockerhose, Wanderschuhen, Fernglas und Lupe animiert Kinder und Erwachsene zum Mitspielen.

Zu Beginn der Reise sollte sich jeder Teilnehmer gut ausrüsten. Dazu basteln sich alle aus Zeitungen einen Hut und setzen ihn auf. Desweiteren erhält jeder eine Toilettenpapierrolle als Fernglas und einen aus Zeitungen gerollten und mit Klebeband zugeklebten Stock, der uns sicherlich noch manchen guten Dienst erweisen wird. So ausgestattet, kann die Reise beginnen.

Alle fassen ein langes Seil an und wandern zusammen los, kreuz und quer durch den Regenwald. Niemand kann verloren gehen. Wir brauchen uns also nicht zu fürchten. Folgende Abenteuer könnten die Reisenden unterwegs erleben:

Eine Horde wild gewordener Affen sitzt auf den Bäumen und bewirft uns mit Kokosnüssen. Wir wehren uns natürlich und werfen zurück.

Die Affen sind los

▸ **Anzahl:** beliebig
▸ **Material:** viele Zeitungen
▸ **Spielort:** Turnhalle oder Außengelände

In einer Ecke liegen zahlreiche Papierbälle aus Zeitungspapier bereit. Damit bewerfen wir uns gegenseitig bis es uns gelingt, die Affen in die Flucht zu schlagen und wir die Reise fortsetzen können.

Plötzlich entdecken wir durch unsere Ferngläser in der Ferne einen gefährlichen Tiger. Mutig schleichen wir uns an den Tiger heran, um ihn aus der Nähe zu betrachten. Doch aufgepasst, wenn der Tiger erwacht, müssen wir uns schnell in Sicherheit bringen.

Wenn der Tiger erwacht

▸ **Anzahl:** beliebig
▸ **Material:** —
▸ **Spielort:** Turnhalle oder Außengelände

Eines der Kinder darf den Tiger spielen. Es legt sich in einigem Abstand zu den übrigen Mitspielern auf den Boden, rollt sich zusammen und stellt sich schlafend. Die anderen schleichen auf allen Vieren an den Tiger heran. Kurz bevor die Mitspielenden den Tiger erreicht haben, legen auch sie sich flach auf den Boden und beobachten den Tiger durch ihre Ferngläser. Mit lautem Gebrüll erwacht der Tiger, springt auf und jagt hinter den fliehenden Mitspielern her. Diese versuchen, die gegenüber liegende Wand des Raumes oder das nächste Gebüsch im Gelände zu erreichen. Anschließend darf einmal ein anderes Kind den Tiger spielen.

Wir kommen an einen reißenden Fluß. Gemeinsam müssen wir eine Brücke bauen, um auf die andere Seite zu gelangen.

Die Brücke über den Fluss

▸ **Anzahl:** beliebig
▸ **Material:** viele Zeitungen
▸ **Spielort:** Turnhalle oder Außengelände

Die Mitspieler nehmen hintereinander Aufstellung. Es kann auch in mehreren Gruppen nebeneinander gespielt werden. Die Kinder halten alle ihre gedrehte Zeitungsrolle in Händen. Daraus wird auf dem Boden eine Brücke gebaut, indem die Kinder die Rollen hintereinander legen und sich dann alle darauf stellen. Nun müssen wir aber noch über die Brücke laufen. Dazu fassen die Mitspieler die jeweils vor ihnen stehende Person um die Hüften. Der letzte Mitspieler in der Reihe startet. Er hebt sein Brückenteil (die Zeitungsrolle, auf der er steht) auf und hangelt sich damit auf der Brücke nach vorne. Dabei geben die Mitspieler auf der Brücke Hilfestellung, d.h. sie halten die Person fest und achten darauf, nicht selbst von der Brücke zu fallen. Ist der Mitspieler auf diese Weise vorn angelangt, legt er sein Brückenstück vor sich auf dem Boden an die Brücke an und alle gehen einen Schritt vor. Dann darf der jetzt letzte Mitspieler in der Brückenschlange starten. Gespielt wird, bis alle einmal über die Brücke gegangen sind.

Hinweis: Spielen viele jüngere Kinder mit, können statt der gerollten Zeitungen ausgebreitete Zeitungsbögen verwendet werden, die zu einer Brücke ausgelegt werden. Jeder Mitspieler steht dann auf einem doppelten Bogen Zeitungspapier.

Wir gelangen immer tiefer in den Regenwald. Hier wachsen die Pflanzen so dicht, dass es kaum ein hindurch kommen mehr gibt. Wie gut, dass wir unsere langen Buschmesser dabei haben, mit denen wir die Schlingpflanzen zerschneiden und uns so einen Weg zu bahnen können.

Durch den dichten Urwald

▸ **Anzahl:** beliebig
▸ **Material:** Zeitungsrollen
▸ **Spielort:** Turnhalle oder Außengelände

Die Mitspieler stellen sich nebeneinander in einer Reihe auf. Jede Person hält sein Buschmesser (gerollte Zeitung) mit beiden Händen vor dem Körper. Die Spielleitung fordert die Mitspielenden auf, sich gemeinsam durch den Urwald zu kämpfen. Mit lautem *„Uhh!"*-Schrei und stampfenden Schritten gehen alle vor, schwingen dabei ihr Buschmesser über dem Kopf und lassen es dann vor sich über die

Erde kreisen und zerschneiden so die Schlingpflanzen. Besonders schön wirkt das Spiel, wenn die Spielleitung den Rhythmus und das Tempo der Bewegungen vorgibt und alle die Bewegungen gleichzeitig nachmachen. So zieht die Gruppe im gleichmäßigen stampfenden, schreienden Takt voran.

Unterwegs sehen wir im Unterholz gefährliche Schlangen und wir müssen alle unseren Mut zusammen nehmen, um an ihnen vorbei zu kommen.

Schlangen im Unterholz

Anzahl: beliebig
Material: —
Spielort: Turnhalle oder Außengelände

Die Hälfte der Spielgruppe spielt die Schlange. Sie legen sich im Raum verteilt auf den Boden und dürfen sich nur vorwärts schlängeln. Zwischen den einzelnen Schlangen sollte jeweils 1-2 Meter Abstand sein. Die übrigen Mitspieler verteilen sich an den vier Wänden des Raumes. Sie probieren, den Raum zu durchqueren und dabei nicht von einer Schlange erwischt zu werden. Dazu dürfen auch mehrere Spieler gleichzeitig starten. Es ist auch erlaubt, über die Körper der Schlangen zu springen oder im Zickzack zu laufen. Währenddessen winden sich die Schlangen zischelnd auf der Erde und versuchen, einen der Spieler zu berühren. Wird ein Spieler beim Durchqueren des Raumes erwischt, so tauscht er mit der Schlange die Rolle.

Weitere Abenteuer im Regenwald

❍ Aus Zeitungsbögen ein Floß bauen und die gerollten Zeitungen als Paddel verwenden. Alle setzen sich auf das Floß. Zusammen sausen wir den reißenden Fluss hinab.
❍ Aus Zeitungen einen Fächer falten und sich damit gegenseitig Luft zufächeln.
❍ Ein Mitspieler hat sich den Fuß verstaucht und wird von zwei oder drei Spielern ein Stück getragen.
❍ Plötzlich beginnt es zu regnen. Schnell breiten wir Zeitungen über unseren Köpfen aus und hocken uns, eng aneinander gekuschelt auf den Boden, bis das Unwetter vorbei gezogen ist.
❍ Auf einer Lichtung machen wir ein Picknick. Dazu hat die Spielleitung allerlei exotische Früchte mitgebracht, die wir kosten dürfen.

Sicherlich fallen euch noch zahlreiche andere Abenteuer für das Regenwaldfest ein. Besonders schön wirkt diese Mitspielaktion natürlich, wenn der Raum oder das Gelände wie ein Regenwald gestaltet sind. Bei einem größeren Fest können auch exotische, alkoholfreie Regenwaldsäfte und Cocktails gereicht werden.

Erlebniswelt Kindergarten

Spiele und Aktionen für Projekte

In vielen Kindergärten und Tagesstätten ergeben sich aus Beobachtungen, Situationen und den Bedürfnissen der Kinder häufig Ideen für umfangreichere Projekte. Solche Projekte sollten stets gemeinsam mit Kindern geplant und durchgeführt werden. Dieses an Situationen orientierte Arbeiten gehört längst in vielen Einrichtungen zum praktischen Alltag. Manchmal fehlt es jedoch bei der Planung solcher Projekte an zündenden Einfällen zur Umsetzung in Spiel und Aktion. Hier setzt das Kapitel „Erlebniswelt Kindergarten" an. Zu fünf Projektthemen sind Vorschläge für die Praxis gesammelt.

○ Das **Theater spielen**, die spielerische **Erfahrung mit Musik** und den dazugehörigen Instrumenten sowie das **Tanzen** mit Kindern sind drei Themenbereiche, an die sich leider all zu oft viele pädagogische MitarbeiterInnen nicht herantrauen. Dabei können gerade diese Angebote, den Kindern ungemein viel Spaß bereiten und ihre Kreativität mehr als manche andere Aktion fördern. Die Spiel- und Gestaltungsvorschläge in diesem Kapitel sollen helfen, eigene Ängste und Vorbehalte abzubauen und ermutigen, sich auch einmal an diese Themen heranzuwagen.

○ Die Turn- und Bewegungsstunde gestaltet sich in vielen Kindergärten immer wieder gleich. Neue Impulse können helfen, **Turnen als Abenteuer** zu erleben.

○ Das letzte Thema befasst sich mit den **Tieren** im Kindergarten. Auch dies ein Thema, das für viele tabu ist. Hier gilt es gleichermaßen, seine eigenen Berührungsängste abzubauen und sich auf diese spannenden Erfahrungen einzulassen.

Alle aufgeführten Spiele der einzelnen Themenbereiche sind meist ohne größere Vorbereitung umzusetzen und machen daher deutlich, dass projektorientiertes Arbeiten mit Kindern nicht unbedingt mehr Zeit- und Vorbereitungsaufwand bedeutet, sondern vielmehr schnell und problemlos im Alltag umgesetzt werden kann.

KOMM WIR SPIELEN HEUT THEATER!

Besuch am Morgen

> **Anzahl: 6 und mehr Kinder**
> **Material: viele verschiedene Verkleidungs-utensilien**
> **Spielort: im Raum**

An jedem Tag in der Woche dürfen sich zwei Kinder der Gruppe schon vor dem Gesprächskreis am Morgen verkleiden: als Opa, Professor, feine Dame, Ritter, Prinzessin, Pippi Langstrumpf, Pirat oder Ähnliches. Viele unterschiedliche Verkleidungssachen stehen den beiden zur Verfügung. Sitzen alle Kinder im Kreis beisammen, betreten die beiden den Raum und stellen sich den anderen vor. So verkleidet nehmen sie am Morgenkreis teil und spielen entsprechend ihrem Kostüm die ganze Zeit über ihre Rolle. Am nächsten Tag dürfen zwei andere Kinder in eine Rolle schlüpfen.

Theater im Kreis

> **Anzahl: 4 und mehr Kinder**
> **Material: —**
> **Spielort: im Raum**

Die Kinder stehen im Kreis. Die Spielleitung lädt die Kinder ein, alles nachzuahmen, was sie vormacht. Jetzt werden verschiedene Bewegungen oder auch eine gesamte Szene pantomimisch vor- und nachgespielt. Die Kinder ahmen alle gleichzeitig die Bewegungen, Gesten und Mimiken nach.

Hier ein paar Beispiele für mögliche Szenen:
- ❍ Mit einem Hund an der Leine spazieren gehen. Der Hund ist sehr störrisch, wild und läuft immer wieder ganz abrupt los, bleibt unverhofft stehen und so weiter.
- ❍ Morgens am Frühstückstisch.
- ❍ Im Geisterschloss spazieren gehen.
- ❍ Auf der Achterbahn.
- ❍ Eine verrückte Autofahrt.
- ❍ Im vollbesetzten Bus.
- ❍ Ein Baby muss gewickelt werden.
- ❍ Ein Spaziergang durch den Dschungel.
- ❍ Streit im Sandkasten.

Anschließend können sich die Kinder zu zweit gegenüber aufstellen. Jetzt darf eines der Kinder Bewegungen, Szenen und Gesten vormachen und das andere Kind ahmt alles nach.

Verwandlungen

> **Anzahl: 4 und mehr Kinder**
> **Material: verschiedene Verkleidungssachen**
> **Spielort: im Raum**

Die Kinder sitzen im Kreis auf dem Boden. In der Mitte hat die Spielleitung verschiedenste Verkleidungssachen bereitgelegt: ausgefallene Hüte, ein Krückstock, eine Handtasche, Handschuhe, Stöckelschuhe, Perücken usw. Jedes Kind, das nun eine Idee hat, sich zu verkleiden und eine Person darzustellen, darf in die Mitte treten und den anderen etwas vorspielen. Auch zwei oder drei Kinder können zusammen in der Mitte eine kurze Szene spielen. Dann legen sie ihre Verkleidungen wieder ab und treten zurück in den Kreis.

Im Tierpark

> **Anzahl: 6 und mehr Kinder**
> **Material: ein Eimer, Klebeband oder Kreide, eine Mütze, Gummistiefel**
> **Spielort: im Raum**

In den vier Ecken des Raumes werden mit Kreide oder Klebeband Tierkäfige auf den Boden gemalt. Die Spielleitung verkleidet sich als Tierwärter. Das Spiel beginnt, indem die Spielleitung erzählt, welche Tiere im Zoo leben. Im ersten Käfig sind die Affen, im zweiten die Elefanten, im dritten die Tiger, im vierten die Schlangen. Die Kinder suchen sich aus, welches Tier sie darstellen wollen und begeben sich in die Käfige. Der Tierwärter füttert nacheinander die Tiere, die Tiere fressen, zanken miteinander, ein Tiger bricht aus und wird wieder eingefangen, ein Elefant hat sich den Fuß verletzt und erhält einen Verband, die Affen stehlen dem Tierwärter die Mütze usw.

Wir fahren mit dem Omnibus

▶ **Anzahl: 7 und mehr Kinder**
▶ **Material: verschiedenste Verkleidungssachen, Schminke**
▶ **Spielort: im Raum**

Wir wollen eine Fahrt mit dem Omnibus spielen. Dafür stellt die Spielleitung Stühle, und zwar jeweils zwei nebeneinander, in zwei Reihen auf. Sie bilden die Sitzplätze im Bus. Vorn steht ein einzelner Stuhl für den Busfahrer. In der Verkleidungsecke dürfen sich die Kinder nach Herzenslust verkleiden, schminken und in eine beliebige Rolle schlüpfen. Eines der Kinder spielt den Busfahrer, der bereits vorn auf dem Fahrersitz Platz nimmt. Wenn alle fertig verkleidet sind, fährt der Bus los. Nach und nach besteigen die Kinder an verschiedenen Haltestellen den Bus und setzen sich auf einen Platz. Allerlei verrückte und ausgefallene Typen sind im Bus und so wird die Fahrt natürlich besonders lustig. Die Spielleitung sollte sich ebenfalls verkleiden und das Spiel mit gestalten. Einzelne Kinder haben vor Beginn von der Spielleitung einige Tipps zur Darstellung erhalten:

○ Ein sehr dicker Mann (Kissen unter den Pullover stecken) betritt den Bus. Er eckt überall an und passt auf keinen Sitzplatz.
○ Eine Oma mit ihrem frechen Dackel (ebenfalls von einem Kind dargestellt) betritt den Bus.
○ Lärmende Kinder steigen ein, die im Bus Ball spielen und sich schon bald mit den anderen Leuten streiten.
○ Eine Frau mit einer prall gefüllten Tasche steigt ein. Schon bald beginnt es, im Bus zu stinken.
○ Jemand schläft im Bus ein und schnarcht ganz laut. Er ist einfach nicht mehr wach zu kriegen.
○ Ein feiner Herr sitzt im Bus und hat plötzlich Blähungen.

Bestimmt fallen den Kindern noch viele spannende Dinge ein, die auf der Busfahrt passieren können.

Geräuschetheater

> **Anzahl: 6 und mehr Kinder**
> **Material: Alltagsgegenstände, Kassette, Rekorder**
> **Spielort: im Raum**

Gemeinsam mit drei oder vier Kindern übt die Spielleitung für die übrige Gruppe eine kleine Szene ein. Anschließend spielen die Kinder die Szene den anderen vor. Jedoch sitzen die Kinder der Gruppe im Kreis beisammen, mit den Gesichtern nach außen. Das heißt, die vorspielende Gruppe tritt in die Kreismitte, wird aber von den anderen nicht gesehen. Das Gespielte soll nur mit Geräuschen dargestellt werden. Dazu dürfen alle denkbaren Alltagsgegenstände und auch Körpergeräusche eingesetzt werden.

Hier ein paar Beispiele für mögliche Szenen:

ein abfahrender Zug, im Omnibus, Fütterung der Tiere im Zoo, morgens auf dem Bauernhof, ein Spaziergang im Wald, beim Zahnarzt, auf der Toilette, beim Staubsaugen, im Schwimmbad, auf dem Spielplatz, Streit im Kinderzimmer, Turnen im Kindergarten, beim Friseur, Gespensterstunde.

Sprechen dürfen die Kinder in der Mitte nicht. Sie können wohl ihre Stimmen zum Einsatz bringen, um Geräusche zu erzeugen. Wenn die Gruppe zu Ende gespielt hat, dürfen die Kinder raten, was wohl von den anderen dargestellt wurde.

Hinweis: Dieses Spiel macht gerade Kindern, die Schwierigkeiten haben vor der Gruppe etwas darzustellen, viel Spaß, weil sie von den anderen lediglich gehört, jedoch nicht gesehen werden. Es bedarf etwas Zeit mit den Kindern eine kleine Szene einzustudieren. Auch mit Eltern und Kindern kann solch ein Geräuschetheater ausprobiert werden.

Wie wäre es, mit den Kindern einmal eine solche Geräuscheszene für die Eltern auf eine Kassette aufzunehmen und diese auf dem Elternabend vorzuspielen? So erfahren die Eltern etwas über die Aktivitäten im Kindergarten. Vielleicht haben die Eltern sogar Lust, zu dieser gehörten Geschichte eine Vorlesegeschichte für die Kinder zu schreiben und Bilder dazu zu malen?

Auf der Verkleidungsparty

> **Anzahl: 6 und mehr Kinder**
> **Material: pro Kind mindestens einen Hut, eine Jacke oder einen Mantel, ein Paar Schuhe, ein Schal**
> **Spielort: im Raum**

In den Ecken des Raumes werden verschiedenste Verkleidungsutensilien zu kleinen Haufen bereit gelegt: eine Ecke voller Hüte, eine mit Mänteln und Jacken, eine mit Schuhen und so fort.

Zu einer schnellen Musik bewegen sich die Kinder in der Mitte des Raumes. Setzt die Musik aus, ruft die Spielleitung ein Verkleidungsstück aus, beispielsweise: *„Hutparty"*. Schnell suchen sich die Kinder in der Hüteecke einen Hut aus, setzen ihn auf und bewegen sich so mit ihrem Hut zur Musik weiter. Dabei begegnen sie den anderen, man begrüßt sich, tauscht vielleicht die Hüte aus und versucht, den entsprechenden Typ, dem der Hut gehört haben könnte, darzustellen. Dann setzt die Musik wieder aus und die Kinder bringen die Hüte zurück. Anschließend tanzen sie weiter bis ein neues Verkleidungsstück ausgerufen wird. Es können später auch zwei Verkleidungsgegenstände gleichzeitig genannt werden.

„Ja, ja," sagte der alte Opa

> **Anzahl: 2 und mehr Kinder**
> **Material: —**
> **Spielort: im Raum**

Die Kinder sitzen im Kreis beisammen. Gemeinsam überlegen wir uns zuerst eine kleine, lustige Geschichte, die nur aus zwei oder drei Sätzen besteht. Hier ein Beispiel:

„‚Ja, ja', sagte der alte Opa und stand aus dem Sessel auf. Seine Frau Beate saß neben dem Ofen und stickte. Da sprang die Tür ganz plötzlich auf und eine kleine Maus huschte ins Zimmer hinein."

Sind alle mit der Geschichte einverstanden, kann das Spiel beginnen. Die Spielleitung tritt in die Mitte, und erzählt den anderen die Geschichte. Anschließend erhebt sich das erste Kind und erzählt wieder dieselbe Geschichte noch einmal. Jedoch wird sie immer anders geschildert: ganz leise, wütend, aufgeregt, ängstlich, lispelnd, Zähne fletschend, wie eine Oma sie erzählen würde, wie ein Chinese sie erzählen würde, weinerlich, ständig dabei lachend, mit tiefer, hoher, barscher, säuselnder Stimme, singend, fluchend, wild gestikulierend ...

Es gibt unendliche Möglichkeiten, die kleine Geschichte immer wieder auf andere Weise zu erzählen, der Fantasie sind dabei keinerlei Grenzen gesetzt.

In unserem Haus ist was los!

> **Anzahl: 8 und mehr Kinder**
> **Material: verschiedene Verkleidungssachen, Klebeband**
> **Spielort: großer Raum**

Es wird eine Spielfläche in vier etwa gleich große Flächen unterteilt. Die Grenze von einem Raum zum nächsten wird durch Klebeband auf dem Boden markiert. Die Spielleitung erzählt, dass wir uns in einem großen Haus befinden. Darin gibt es vier Wohnungen. Unten ist die Bäckerei. Dort backt die Bäckerin gerade frisches Brot. In einer Wohnung ist ein Tanzstudio. Dort kann man tolle Tänze lernen. Hier in dieser Wohnung ist eine Zahnarztpraxis. Und dort oben hat die Oma immer ganz viele Gäste zu ihrem Kaffeekränzchen eingeladen. Die Kinder überlegen zu zweit in welchem Zimmer sie zuerst spielen wollen und gehen gemeinsam dort hin.

Ein Kind spielt die Bäckerin, verkleidet sich mit Schürze, krempelt die Ärmel hoch und knetet in der Wohnung den Teig. Ein anderes Kind betritt gerade mit einer Einkaufstasche die Bäckerei.

Mit verbundener Wange betritt ein anderes Kind zitternd die Zahnarztpraxis. Die Ärztin im weißen Kittel wartet schon mit der Spritze in der Hand.

Der Tanzlehrer in enger Gymnastikkleidung macht bereits die ersten Dehnübungen und bereitet sich auf die Tanzstunde vor. Im wallenden Kleid betritt eine feine Dame die Tanzschule und wird zu flotter Musik durch den Raum gewirbelt.

Gemütlich sitzt die Oma mit Brille auf der Nase und Wolldecke über den Beinen am Tisch und wartet auf ihre Freundin, die gerade zum Kaffeeklatsch erscheint.

Für ihre Rollen dürfen sich die Kinder zunächst in der Verkleidungsecke einkleiden und schminken. Gemeinsam richten sie die Wohnungen ein, stellen Tische, Stühle und andere Utensilien bereit. Nun kann das Spiel beginnen. Die Kinder spielen parallel in den einzelnen Wohnungen, wechseln zwischendurch vielleicht in eine andere, verkleiden sich neu, tauschen die Rollen miteinander. Auch andere Besucher können hinzukommen: der Briefträger bringt die Post von Wohnung zu Wohnung – die Hausmeisterin besucht ihre Mieter – die neugierige Nachbarin will einmal sehen, wer so alles in diesem Haus wohnt – die Putzfrau/der Putzmann ist mit Eimer und Wischtuch unterwegs usw.

Im tiefen, dunklen Wald

> **Anzahl: 8 und mehr Kinder**
> **Material: —**
> **Spielort: im Raum**

Gemeinsam wollen wir ein kleines Theaterstück einstudieren. Dabei treten verschiedene Tiere und Personen auf. Alle Rollen werden von den Kindern dargestellt.

Die Kinder sitzen in einem Halbkreis auf dem Boden. Vor ihnen steht die Spielleitung. Sie lädt die Kinder ein, bei diesem Theaterstück mitzuspielen. Als erstes werden die Bäume des Waldes dargestellt. Die Spielleitung bittet drei Kinder nach vorn auf die Bühne. Die Kinder stellen sich mit gespreizten Beinen, die Arme hoch in die Luft gestreckt, etwas voneinander entfernt hin. Zwei andere Kinder spielen den heulenden Wind. Sie stellen sich an den Rand der Spielfläche, halten die Hände wie einen Trichter vor den Mund und ahmen das Heulen des Windes nach. Jetzt übt die Spielleitung mit den anderen Kindern die erste Strophe des Liedes ein, das sich immer wiederholt und nach und nach durch neue Strophen und Darstellungen erweitert wird:

Melodie: „Auf einem Baum ein Kuckuck saß"
(überliefert)

1. Strophe: In einem tiefen, dunklen Wald.
Simsalabimsalabam Saladusaladim.
In einem tiefen, dunklen Wald war's.

2. Strophe: Da heulte einst ein kalter.
Simsalabimsalabam Saladusaladim.
Da heulte einst ein kalter Wind.

3. Strophe: Es saß ein kleiner Has im.
Simsalabimsalabam Saladusalabim.
Es saß ein kleiner Has im Gras.

4. Strophe: Im Baum ein alter Uhuhu
Simsalabimsalabam Saladusaladim.
Im Baum ein alter Uhuhu rief.

5. Strophe: Zwei Rehe traten leis
Simsalabimsalabam Saladusaladim.
Zwei Rehe traten leis hervor.

6. Strophe: Da kam ein dicker Jägers.
Simsalabimsalabam Saladusaladim.
Da kam ein dicker Jägersmann.

7. Strophe: Die Tiere huschten alle.
Simsalabimsalabam Saladusaladim.
Die Tiere huschten alle fort.

Nachdem die Bäume sich, während das Lied gesungen wurde, hin und her bewegt haben und der Wind geheult hat, kann nun die zweite Strophe mit weiteren Darstellern einstudiert und anschließend gesungen werden. Entsprechend des Textes treten so nach und nach immer mehr Kinder auf die Spielfläche. Die Strophen werden stets von Anfang an wiederholt und immer kommt eine neue hinzu.

Gemeinsam mit den Kindern können noch viele weitere Strophen entwickelt und dargestellt werden.

MUSIKANTEN ZIEHEN DURCHS HAUS!

Das musikalische Echo

▶ **Anzahl: 2 und mehr Kinder**
Material: verschiedene Musikinstrumente,
lange Schnur, ein Betttuch
Spielort: im Raum

Eine Schnur wird quer durch den Raum gespannt. Darüber legen wir ein Betttuch, das bis zum Boden reicht. Auf beide Seiten des Tuches legen wir jeweils die gleichen Instrumente. Es sollten möglichst viele, unterschiedlich klingende Instrumente zur Verfügung stehen.

Die Kinder werden in zwei Gruppen eingeteilt, die sich auf je eine Seite des Tuches begeben. Für jedes der Kinder sollte ein Musikinstrument auf ihrer Seite bereit liegen. Das erste Kind beginnt, indem es sein Instrument erklingen lässt. Die Kinder auf der anderen Seite lauschen. Wer meint, das gleiche Instrument auf seiner Seite zu haben, antwortet damit. Wurde richtig geraten, darf jetzt ein Kind auf der anderen Seite ein paar Töne spielen. Wer muss antworten?

Glöckchen, Glöckchen, wo bist du?

Anzahl: 8 und mehr Kinder
Material: pro Kind ein Schuhkarton, ein
Glöckchenball
Spielort: im Raum

Eines der Kinder verlässt für kurze Zeit den Raum. Die übrigen Kinder verteilen sich im Raum. Jedes Kind stellt vor sich einen Schuhkarton, der mit der offenen Seite nach unten auf dem Boden liegt. Unter einem der Kartons wird ein Glöckchenball versteckt.

Wir rufen das Kind herein. Das Kind sucht sich einen Platz im Raum und ruft: *„Glöckchen, Glöckchen, wo bist du?"* Jetzt schütteln alle Kinder gleichzeitig ihren Karton einmal hin und her. Das Glöckchen ertönt kurz und verstummt dann wieder. Das Kind darf nun raten, unter welchem Karton sich der klingende Ball befindet und diesen Karton hochheben. Wurde richtig geraten, darf ein anderes Kind hinausgehen. Ist der Ball nicht entdeckt worden, sucht sich das Kind einen neuen Platz, von dem es lauschen will. Dann ruft es das Glöckchen erneut mit: *„Glöckchen, Glöckchen, wo bist du?"* Fünf Versuche sind erlaubt, um das Glöckchen wieder zu finden.

Musikalische Schlangen

Anzahl: 8 und mehr Kinder
Material: viele verschiedene Musikinstrumente,
schnelle Tanzmusik
Spielort: im Raum

Die Kinder bilden Gruppen von jeweils drei bis vier Kindern. Jede Gruppe stellt sich in einer Schlange hintereinander auf. Jedes Kind erhält ein Musikinstrument.

Zu einer schnellen Musik tanzen die Schlangen im Raum umher. Dabei sind ihre Instrumente zunächst nicht zu hören. Erst wenn sich zwei Schlangen begegnen und eng aneinander vorbei tanzen, begrüßen sie sich, indem sie laut ihre Instrumente erklingen lassen. Dann ziehen die Schlangen weiter und es wird wieder leise. Mit vielen kleinen Schlangen, die sich kreuz und quer im Raum bewegen, macht das Spiel am meisten Spaß.

1. Variante: Die jeweils ersten Kinder in einer Reihe erhalten eine Pfeife. Begegnen sich jetzt zwei Schlangen, so kann das erste Kind mit der Pfeife ein Signal geben. Dann bleiben die Schlangen nebeneinander stehen und tauschen mit den Kinder der anderen Schlange die Instrumente. Anschließend bewegen sich die Schlangen weiter.

2. Variante: Einige Kinder bilden Spielpaare, verteilen sich im Raum und stellen gemeinsam eine Brücke dar, indem sie sich mit hoch erhobenen Armen bei den Händen fassen. Wieder bewegen sich die „Musikschlangen" schlängelnd und leise durch den Raum. Erst wenn eine Schlange unter einer Brücke hindurch fährt, gibt es mit den Instrumenten ein lautes Signal. Hinter dem Tunnel geht es leise weiter.

Orchester

Anzahl: 8 und mehr Kinder
Material: verschiedene Musikinstrumente, ein
Stöckchen, evtl. Zylinder oder Hut
Spielort: im Raum

Die Kinder sitzen im Kreis. In der Mitte sind die Instrumente ausgelegt. Jedes Kind darf sich ein Instrument auswählen.

Hat jedes Kind wieder im Kreis Platz genommen, fordert die Spielleitung die Kinder auf, ihre Instrumente nacheinander erklingen zu lassen. Gemeinsam suchen wir Instrumente, die gleich oder sehr ähnlich klingen. Diese Kinder setzen sich zu kleinen Gruppen zusammen. Jetzt wollen wir das Orchester erklingen lassen. Die Spielleitung nimmt ihren Dirigentenstab und Zylinder und tritt in die Kreismitte. Sie dirigiert das Orchester, lässt die Gruppen nacheinander einsetzen, mal laut, dann wieder leise spielen, alle zusammen und nun wieder einzeln. Danach wählt sie eines der Kinder aus, das sich anschließend als Orchesterdirigent probieren darf.

Instrumente im Raum

> **Anzahl: 2 und mehr Kinder**
> **Material: verschiedene Musikinstrumente, Halstücher**
> **Spielort: im Raum**

Im Raum werden an verschiedenen Stellen unterschiedlich klingende Instrumente ausgelegt. Die Kinder bilden Spielpaare. Eines der beiden Kinder bekommt mit einem Halstuch die Augen verbunden.

Das andere Kind führt nun das „blinde" Kind vorsichtig durch den Raum. Dabei macht es bei verschiedenen Instrumenten Halt und legt das jeweilige Instrument in die Hände des Kindes. Das Kind darf das Instrument ertasten und erklingen lassen. Nach drei oder vier Stationen wird das Kind wieder zum Ausgangspunkt zurück geführt und darf die Augen öffnen. Jetzt machen die beiden einen kleinen Spaziergang durch den Raum. Dabei soll das Kind die Musikinstrumente wieder erkennen, die es zuvor „blind" ertastet und angespielt hat. Anschließend tauschen beide Kinder ihre Rollen.

Schlangenbeschwörung

> **Anzahl: 2 und mehr Kinder**
> **Material: pro Spielpaar eine Flöte, evtl. Handtücher**
> **Spielort: im Raum**

Die Kinder bilden Spielpaare. Eines der Kinder rollt sich wie eine Schlange auf dem Boden zusammen. Das andere Kind spielt den Schlangenbeschwörer. Mit einem Handtuch kann es sich einen Turban auf dem Kopf binden. Vorsichtig tritt der Schlangenbeschwörer neben die Schlange und lässt sanft die Flöte erklingen. Langsam wird die Schlange wach, windet sich nach oben und folgt den Tönen der Flöte. Der Schlangenbeschwörer dirigiert die Schlange auf und ab und auch einmal vorwärts und rückwärts. Nach einiger Zeit tauschen die Kinder die Rollen.

Gleiche Töne

> **Anzahl: 8 und mehr Kinder**
> **Material: jeweils zwei gleich klingende Instrumente, pro Kind ein Instrument**
> **Spielort: im Raum**

Die Kinder sitzen im Kreis. Die Spielleitung verteilt an die Kinder Instrumente. Dabei muss jedes Instrument zweimal im Kreis ausgeteilt werden. Es sollten nicht zwei Kinder mit dem gleichen Instrument nebeneinander sitzen.

Jetzt beginnt das erste Kind im Kreis, sein Instrument anzuspielen. Sofort muss das Kind mit dem gleichen Instrument antworten. Dann folgt das nächste Kind zur Rechten. Es spielt sein Instrument und erhält prompt eine Antwort vom gleichen Instrument. Nach und nach wird dabei das Tempo gesteigert.

1. Variante: Die Spielleitung steht mit einem Tambourin oder einem anderen Instrument, das noch nicht im Kreis vorhanden ist, außerhalb am Rand. Zwischendurch lässt sie ihr Instrument erklingen. Das ist für die Kinder das Signal, die Plätze und Instrumente miteinander zu tauschen.

2. Variante: Die Kinder sitzen wieder im Kreis, schließen aber alle die Augen. Die Spielleitung steht außerhalb des Kreises und tippt einem der Kinder auf die Schulter. Dieses Kind spielt jetzt sein Instrument an. Schnell muss das Kind im Kreis mit dem gleichen Instrument antworten. Die Spielleitung gibt durch Händeklatschen ein Zeichen, das richtig geantwortet wurde. Dann geht sie um den Kreis und tippt dem nächsten Kind auf die Schulter. Es können auch mehrere Kinder im Kreis das gleiche Instrument haben.

Bim Bam Bommel

> Anzahl: 6 und mehr Kinder
> Material: Trommel oder Tambourin
> Spielort: im Raum

Eines der Kinder erhält die Trommel und tritt damit in die Kreismitte. Die übrigen Kinder spielen die Mäuse, die sich im Kreis um das Kind herum auf den Boden hocken.

Das Kind in der Mitte spielt die Katze. Stolz marschiert sie im Kreis umher und schlägt dazu die Trommel. Dabei flüstert sie ganz leise:

„Bim, Bam, Bommel, die Katze schlägt die Trommel."

Die Mäuse schleichen im Raum herum. Langsam wird das Trommeln immer etwas lauter und immer wieder ruft die Katze, während sie im Kreise stolziert:

„Bim, Bam, Bommel, die Katze schlägt die Trommel."

Auch diesen Satz spricht sie mit jedem Mal etwas lauter. Irgendwann schlägt die Katze laut dreimal hintereinander auf die Trommel. Das ist das Zeichen für die Mäuse, schnell zu verschwinden und an den Rand zu kriechen. Denn jetzt geht die Katze auf Mäusejagd. Welche Maus von der Katze gefangen wurde, ehe sie die Zimmerwand erreichen konnte, wird in der nächsten Runde zur neuen Katze.

Verstecken mit Instrumenten

> Anzahl: 4 und mehr Kinder
> Material: verschiedene Musikinstrumente, jeweils zwei gleiche Instrumente
> Spielort: im Raum

Aus einem Korb mit Musikinstrumenten dürfen sich alle Kinder bis auf eines ein Instrument aussuchen. Das Kind ohne Instrument verlässt anschließend den Raum mit den übrig gebliebenen Instrumenten im Korb. Jedes der Kinder versteckt sich nun mit seinem Instrument im Raum.

Dann betritt das Kind mit dem Instrumentenkorb den Raum. Es sucht sich ein Instrument aus dem Korb und spielt es einmal an. Hat eines der versteckten Kinder das gleiche Instrument, muss es nun damit antworten. Das suchende Kind lauscht genau, aus welcher Ecke geantwortet wurde und versucht das Kind zu finden. Dann ruft es mit dem nächsten Instrument. Nach und nach muss es mit Hilfe der Instrumente die versteckten Kinder aufstöbern. Es können auch Instrumente im Korb sein, die keines der Kinder gewählt hat. Dann erhält der Rufer keine Anwort.

Hinweis: Der Raum sollte ausreichend groß sein und genügend Verstecke bieten. Wird der Raum zusätzlich etwas abgedunkelt, macht das Spiel noch mehr Spaß. Vielleicht habt ihr ja auch einmal Lust, das Spiel im Außengelände oder in der Dämmerung zu spielen?

Musik im Straßenverkehr

Anzahl: 2 und mehr Kinder
Material: ein Spielzeugauto, Wolle, Glöckchen,
Trommel oder Tröte
Spielort: im Raum

Auf dem Boden des Raumes werden mit Wollfäden Straßen ausgelegt. Dafür eignet sich am besten ein Raum mit Teppichboden. Auf einem glatten Boden können die Straßen auch mit Kreide oder Klebeband markiert werden. An ein etwas größeres Spielzeugauto wird mit einem Wollfaden ein Glöckchen hinten angebunden, sodass das Glöckchen mit etwas Abstand auf dem Boden liegt. Vorn am Auto ist eine Schnur festgebunden, mit der das Auto vorwärts gezogen werden kann.

Die Kinder bilden Spielpaare. Eines der beiden Kinder stellt das Auto auf eine Straße und hält die Schnur in den Händen. Das andere Kind steht am Rand mit einer Trommel. Das erste Kind zieht sein Auto nun durch die Straßen. Dabei darf das Auto die Straßen nicht verlassen und auch nicht über den Straßenrand fahren. Auch das Glöckchen darf nicht seitwärts über den Rand gleiten. Das Kind mit der Trommel gibt laute Signale, wenn die Straße verlassen wird. Dann tauschen die beiden die Rollen.
Beim Einsatz einer Tröte wird das Tempo durch lange oder kurze Töne bestimmt.

Variante: Mit der Trommel gibt das außen stehende Kind das Tempo an. Das heißt, wenn langsam getrommelt wird, muss das Auto langsam gezogen werden. Wird der Trommelschlag schneller, fährt auch das Auto schneller.

WER WILL MIT UNS TANZEN?

Der Schleiertanz

Anzahl: 6 und mehr Kinder
Material: viele, bunte Halstücher,
orientalische Musik
Spielort: im Raum oder draußen

Für diesen einfachen Kindertanz werden viele, bunte Halstücher benötigt. Vielleicht startet ihr dazu eine Sammelaktion unter den Eltern des Kindergartens. Bestimmt bekommt ihr viele Tuchspenden. Außerdem braucht ihr eine orientalische Musik. In guten Bibliotheken finden sich in der entsprechenden Abteilung verschiedene Musikstücke, die sich für den Schleiertanz eignen.

Die Kinder wickeln sich Tücher als Röcke um die Hüften und verknoten sie an der Seite. Ebenso werden an beiden Handgelenken Tücher festgeknotet, sodass diese locker herabfallen. Sind ausreichend Halstücher vorhanden, so können sich einige Kinder daraus noch einen Turban auf dem Kopf wickeln. Die Kinder nehmen in ihren orientalischen Kostümen Aufstellung im Kreis, mit den Gesichtern zur Kreismitte. Folgende Tanzschritte bieten sich für diesen Schleiertanz an. Sie können von der Spielleitung frei gewählt und gemeinsam mit den Kindern auf die Musik abgestimmt werden:

❍ Im Kreis stehend seinen rechten und linken Nachbarn mit den Tüchern am Handgelenk zuwinken.
❍ Mit den Armen die Tücher im Wechsel vor dem Körper nach vorn schwingen und dabei alle gemeinsam in der Mitte zusammen kommen.

❍ Die Arme aller Kinder greifen in der Mitte hoch zusammen und die Kinder gehen so für kurze Zeit an den Händen gefasst, rechts und links im Kreis herum.
❍ Die Hände wieder lösen und rückwärts zurück in den Kreis treten. Dabei mit den Armen auf und ab wedeln.
❍ Im Kreis stehend drehen sich die Kinder einmal um sich selbst und lassen dabei die Tücher wehen.
❍ Im Kreis rechts, anschließend links herum gehen. Dabei einmal den linken Arm vom Körper weg halten und das Tuch flattern lassen, dann den rechten Arm.
❍ Nur bestimmte Kinder kommen in der Mitte zusammen. Die anderen stehen am Rand, drehen ihre Handgelenke und lassen so die Tücher kreisen.
❍ Die Kinder führen eines der beiden Tücher zum Gesicht und verschleiern sich damit. So schreiten sie frei im Raum umher und begrüßen die anderen, die ihnen entgegen kommen, mit einer leichten Verbeugung. Dann kehren sie wieder in den Kreis zurück.

Diese und viele andere Bewegungen und Tanzschritte bieten sich für einen Schleiertanz an. Er lässt sich leicht mit Kindern entwickeln, immer wieder neu gestalten und eignet sich besonders gut für kleine Aufführungen.

Der Bierdeckeltanz

> **Anzahl: 2 und mehr Kinder**
> **Material: viele Bierdeckel, schnelle Tanzmusik**
> **Spielort: im Raum**

Auf dem Boden werden viele Bierdeckel mit etwas Abstand zueinander ausgelegt.

Zu einer schnellen Musik bewegen sich die Kinder tanzend um die Bierdeckel herum. Stoppt die Musik, ruft die Spielleitung, wie die Kinder sich einzeln, oder auch mit mehreren auf einen Bierdeckel begeben sollen.

Hier ein Beispiel: Die Spielleitung ruft: *„Eine Hand!"* Schnell müssen alle Kinder sich nieder knien und eine Hand auf einen Bierdeckel legen. Setzt die Musik erneut ein, wird weitergetanzt bis zum nächsten Stopp. Es könnten folgende Dinge gerufen werden: *drei Füße, zwei Finger, ein Po, drei Ellenbogen, eine Schulter, vier Hände, ein Knie, sechs Zeigefinger, eine Ferse usw.*

Die Ausrufe sollten auf das Alter der Kinder abgestimmt sein. Bei manchen Aufgaben müssen sich die Kinder mit einem oder mehreren Kinder zusammen tun und sich auf einem Bierdeckel treffen.

Esel zu Esel

> **Anzahl: 6 und mehr Kinder**
> **Material: Memorykarten, schnelle Tanzmusik**
> **Spielort: im Raum**

Die Spielleitung verteilt unter den Kindern jeweils eine Memorykarte. Es wird eine gerade Mitspielerzahl benötigt, denn von jedem Memorybild werden Paare ausgegeben.

Zu einer rhythmischen Musik tanzen die Kinder und tauschen dabei mit anderen Kindern beliebig oft ihre Memorykarten. Setzt die Musik aus, müssen sich die Kinder mit den gleichen Memorykarten sofort zusammen treffen. Um den Partner zu finden, darf man seine Karte hoch halten und laut ausrufen, was auf der Karte abgebildet ist. Haben sich alle Paare gefunden, ertönt wieder die Musik und die Kinder tanzen weiter und tauschen die Karten untereinander.

Variante: Wieder sind die Memorykarten verteilt und werden beim Tanz getauscht. Bei dieser Variante werden jedoch nur Memorykarten verwendet mit Tieren, die Geräusche von sich geben (Kuh, Schwein, Hahn, Katze, Hund, Esel ...). Wenn jetzt die Musik stoppt, bleiben die Kinder stehen, betrachten ihr Tier auf der Memorykarte und schließen die Augen. Dann ahmen sie die Laute, die das abgebildete Tier macht, nach und bewegen sich so durch das Zimmer. Dabei hören sie auf die anderen „Tiere" und versuchen, ihren Spielpartner, also das gleiche Tier, zu finden und bei den Händen zu fassen. Haben sich alle Tierpaare gefunden, setzt die Musik erneut ein und die zweite Tauschrunde kann beginnen.

Tanzende Sternschnuppen

> **Anzahl:** 6 und mehr Kinder
> **Material:** je Kind eine Taschenlampe, klassische Musik
> **Spielort:** im Raum

Die Kinder haben Taschenlampen mitgebracht. Damit wollen wir einen Sternschnuppentanz ausprobieren. Der Raum wird abgedunkelt.

Jedes Kind hält eine Taschenlampe in der Hand und sucht einen Platz im Raum für sich allein. Dort setzt es sich auf den Boden. Die Musik ertönt. Die Kinder schalten ihre Taschenlampen ein und bewegen sich damit beschwingt durch den Raum. Die Lichtkegel lassen sie im Raum kreisen. Wenn die Musik stoppt, setzen sich die Kinder schnell an der Stelle, wo sie gerade stehen, auf den Boden und knipsen die Lichter aus. Jetzt ist es wieder ganz still und dunkel. Keine Sternschnuppe ist zu sehen. Doch dann ertönt die Musik wieder und die Sternschnuppen leuchten erneut auf.

1. Variante: Bevor die Musik zur zweiten Tanzrunde ertönt, flüstert die Spielleitung ganz leise, wie viele Kinder jetzt als Sternschnuppen gemeinsam untergehakt weitertanzen.

2. Variante: Die Spielleitung flüstert, wie die Sternschnuppe ihr Licht in der nächsten Tanzphase kreisen lassen sollen: über den Boden, hoch oben an der Decke entlang, ganz aufgeregt und wild im Raum umher, in sanften Wellenlinien usw.

Der Huttanz

> **Anzahl:** 8 und mehr Kinder
> **Material:** pro Kind ein Hut, schnelle Tanzmusik, ein Tischtennisball
> **Spielort:** im Raum

Dies ist gleichzeitig ein Tanz- und Detektivspiel. Alle Kinder spielen dabei Detektive. Nur eines der Kinder soll den Dieb darstellen, ist aber auch wie alle anderen als Detektiv verkleidet. Der Dieb hat einen Ball gestohlen, den er unter seinem Hut versteckt hat. Bevor der Tanz beginnen kann, erhält eines der Kinder von den anderen unbemerkt den Tischtennisball. Am besten klappt das Verteilen folgendermaßen: die Kinder erhalten alle jeweils einen Hut, stellen sich damit nebeneinander in einer Reihe mit den Rücken zur Spielleitung auf und halten ihre Hüte, mit der offenen Seite nach oben, hinter den Rücken. Die Kinder schließen die Augen und die Spielleitung geht hinter den Rücken auf und ab und legt dabei einem der Kinder unauffällig den Ball in den Hut.

Jetzt klatscht die Spielleitung einmal in die Hände. Das ist das Startzeichen für die Kinder. Sie setzen mit geschlossenen Augen ihre Hüte auf. Dazu nehmen sie die Hüte nach vorne und dürfen einmal mit der Hand fühlen, ob in ihrem Hut ein Ball liegt. Das Kind mit dem Ball setzt den Hut auf und versteckt den Ball darunter. Nun kann der Tanz der Detektive beginnen.

Die Musik erklingt und während die Kinder tanzen, tauschen sie mit anderen ihre Hüte. Dabei muss man aber nicht bei jeder Begegnung mit einem anderen Kind seinen Hut tauschen, sondern man kann den Entgegenkommenden ebenso nur leicht grüßen, indem der Hut leicht angehoben und wieder aufgesetzt wird. So können sich alle gegenseitig täuschen. Das Kind mit dem Ball unter dem Hut kann jedoch mit niemandem den Hut wechseln. Es grüßt die anderen nur durch leichtes Hutheben. Beliebig häufig dürfen die Kinder ihre Hüte tauschen. Man muss also die anderen Tänzer gut beobachten, um das Kind mit dem Ball heraus zu finden. Wenn die Musik stoppt, zeigt sich, wer ein guter Detektiv ist. Schnell müssen alle Kinder auf das Kind zeigen, das den Ball unter dem Hut hat. Haben alle Detektive richtig geraten? Die Kinder heben ihre Hüte hoch und der Dieb ist entlarvt. Dann kann die zweite Tanzrunde beginnen.

Der Brücken-Tunnel-Tanz

> **Anzahl:** 12 und mehr Kinder, gerade Zahl
> **Material:** für vier Kinder ein Halstuch, rhythmische Tanzmusik
> **Spielort:** im Raum

Die Kinder bilden Paare. Die Hälfte der Paare erhält Tücher, die sie spannen, indem jedes der beiden Kinder das Tuch an den Zipfeln fasst. Diese Paare stellen sich im Raum verteilt auf. Zwischen sich halten sie das Tuch: wird es hoch gehalten bilden sie einen Tunnel, halten sie das Tuch niedrig, bauen die beiden Kinder eine Brücke. Die übrigen Kinder haken einander paarweise unter und verteilen sich ebenfalls im Raum. Die Musik erklingt und die Paare tanzen zu zweit durch den Raum. Dabei dürfen sie über Brücken oder durch Tunnel tanzen. Die Kinder mit den Tüchern können immer wieder zwischen Brücke und Tunnel wechseln, ihre Tücher also hoch oder niedrig halten. Später tauschen die Kinder die Rollen.

1. Variante: Die Kinder tanzen durch einen Tunnel oder über eine Brücke. Dann treten beide Tänzer jeweils hinter die Kinder, die am Tuch stehen. Das bedeutet, wir wollen mit euch tauschen. Die Kinder übergeben den Tänzern das Tuch, haken sich unter und dürfen nun als Tanzpaar weitermachen.

2. Variante: Die Kinder begegnen anderen Tanzpaaren, verbeugen sich voreinander und tauschen die Partner. Die neu entstandenen Paare haken sich unter und tanzen weiter durch Tunnel und über Brücken.

Tanz bei Kerzenschein

> **Anzahl:** 7 und mehr Kinder, ungerade Zahl
> **Material:** Kerzen in zwei unterschiedlichen Farben (je Kind eine Kerze), Bierdeckel, ruhige Tanzmusik, eine mit Wasser gefüllte Schüssel
> **Spielort:** im Raum

Für den Lichtertanz werden zuerst die Kerzen von der Spielleitung vorbereitet. Für jede Kerze stoßen wir in einen Bierdeckel in der Mitte ein Loch und schieben die Kerze hindurch. Wir erhalten so einen

Tropffang, falls einmal etwas Wachs herunterfällt. Für jedes Kind ist eine Kerze vorbereitet, dabei gibt es in gleicher Anzahl Kerzen in zwei Farben, also beispielsweise 5 gelbe und 5 blaue Kerzen. Die Kerzen werden auf einem schönen Tuch in der Kreismitte ausgelegt. Dort steht bereits eine dicke, große Kerze, die brennt. Der Raum sollte für diesen ruhigen Tanz abgedunkelt sein. An einer Wand steht etwas erhöht eine mit Wasser gefüllte Schüssel bereit.

Die Kinder sitzen in einem großen Kreis. Ruhige, leise Musik erklingt. Ein Kind wird von der Spielleitung angetippt. Es tritt in die Mitte, sucht sich eine Kerze aus, entzündet diese an der großen Kerze und stellt sich dann mit seiner brennenden Kerze in den Kreis. Anschließend ist das nächste Kind rechts davon stehend an der Reihe. Es sucht sich jetzt eine Kerze der anderen Farbe aus. So werden alle Kerzen im farblichen Wechsel aus der Mitte genommen, bis alle Kinder mit den brennenden Kerzen im Kreis stehen. Die Spielleitung sollte ebenfalls mit einer Kerze in den Kreis treten und die folgenden Bewegungen vormachen:

- ❍ Mit der Kerze rechts, anschließend links herum im Kreis schreiten.
- ❍ Sich mit der Kerze einmal am Platz drehen.
- ❍ Alle Kinder mit der gleichen Kerze kommen in der Mitte zusammen, halten ihre Kerze in die Höhe und treten wieder in den Kreis zurück. Dabei senken sie bei der Rückwärtsbewegung langsam ihre Kerzen. Die Kinder mit der anderen Kerzenfarbe bleiben im Kreis stehen und heben und senken währenddessen ihre Kerzen. Anschließend treten sie in die Mitte.
- ❍ Noch einmal treten die Kinder mit der ersten Kerzenfarbe in die Mitte, drehen sich dort und gehen auf ein Kind im Kreis mit der anderen Kerzenfarbe zu. Die beiden Kinder tauschen vorsichtig ihre Kerzen.
- ❍ Jetzt wendet sich das im Innenkreis stehende Kind und stellt sich neben das andere Kind zu einem Paar auf. Alle Paare schreiten dann rechts herum im Kreis, anschließend links herum.
- ❍ Die Spielleitung öffnet an ihrer Stelle, mit dem Kind an ihrer Seite, den Kreis. Die Kinder schreiten nun in einer Art Polonäse, angeführt von der Spielleitung mit PartnerIn, im Raum umher.

❍ Zuletzt führt die Spielleitung die Lichterschlange zu der bereit stehenden Wasserschüssel. Die Kinder treten paarweise davor, tauchen ihre Kerzen ins Wasser und lassen sie verlöschen.

Dann trennen sich die Paare und gehen rechts und links der Schüssel allein ab. Es treten die nächsten beiden Kinder an die Schüssel, bis alle Kerzen erloschen sind.

TURNABENTEUER FÜR KINDER

Schwingende Säcke

> **Anzahl: 2 und mehr Kinder**
> **Material: 2 stabile Müllsäcke oder alte Kopf-kissenbezüge, etwas Kordel, Zeitungen**
> **Spielort: Turnhalle oder draußen**

In die Müllsäcke oder Kopfkissenbezüge füllen wir zusammen geknüllte Zeitungen bis die Säcke prall gefüllt sind. Dann werden sie mit einer Kordel fest verschnürt. Die beiden Säcke werden mit zwei Haken an der Decke der Turnhalle aufgehängt. Der Abstand der Säcke sollte so gewählt werden, dass sich die Säcke, wenn sie hin und her pendeln, berühren und gegeneinander schlagen. Ebenso können die Säcke auch draußen an den Ästen zweier Bäume aufgehängt werden. Nun versuchen, die Kinder, die Säcke so gegeneinander zu schleudern, dass sie fest aufeinander prallen.

Variante: Im Radius von ca. 10 Metern um die schwebenden Säcke wird auf dem Boden mit Kreide oder Klebeband ein Kreis oder Viereck als Spielfeld markiert. Die Kinder werden nun in zwei gleich große Gruppen eingeteilt und stellen sich auf je eine Seite hinter einen Zeitungssack. Ein Kind aus jeder Gruppe steht am Sack, die anderen setzen sich dahinter auf den Boden. Auf ein Startzeichen der Spielleitung beginnen die beiden Kinder, die Säcke gegeneinander zu schleudern. Treffen die Säcke gegeneinander, so ist das für alle anderen Kinder das Signal, möglichst schnell aus dem Spielfeld zu gelangen. Das bedeutet, die Kinder beider Gruppen springen schnell auf und rennen aus dem Feld. Gleichzeitig versucht jedes der beiden schleudernden Kinder Mitspieler des anderen Teams zu fangen. Wer erwischt wird, ehe er außerhalb des Feldes ist, scheidet aus und setzt sich an den Rand.

Dann beginnt die zweite Spielrunde. Welches Team hat am Ende noch die meisten Kinder im Feld?

Hinweis: In einer Turnhalle können als Spielfeld-begrenzung auch die Wände des Raumes gelten. Die Kinder müssen nach einer Berührung möglichst schnell an eine Wand gelangen.

Zeitungsflug

> Anzahl: 2 und mehr Kinder
> Material: Zeitungen
> Spielort: Turnhalle oder draußen

Die Kinder erhalten je einen Doppelbogen Zeitungspapier. Alle stellen sich damit nebeneinander hinter einer Startlinie auf. Am anderen Ende des Raums ist auf dem Boden mit Kreide oder Klebeband eine Ziellinie markiert.

Nach dem Startzeichen breiten die Kinder ihre Zeitungen vor dem Bauch aus und rasen damit los. Die Zeitungen dürfen nicht mit den Händen festgehalten werden. So versuchen sie über die Ziellinie zu gelangen. Wem die Zeitung unterwegs auf den Boden fällt oder wer sie mit den Händen festhält, muss sich erst schnell einmal an der Stelle auf den Boden setzen, ehe er weiter laufen darf.

Auf und ab

> Anzahl: 6 und mehr Kinder
> Material: ein Eimer, Zeitungen oder Tennisbälle
> Spielort: Turnhalle

Wenn ihr in eurer Turnhalle einen Rundhaken in der Mitte des Raumes in der Decke habt, lässt sich folgendes Spiel beim Turnen durchführen. An einem Eimer wird ein langes Seil befestigt, das ihr so durch den Rundhaken führt, dass das Seilende auf den Boden reicht und der Eimer mit Hilfe des Seiles hoch und runter gelassen werden kann. Um diese Seilwinde wird mit einem Radius von ca. 2 - 3 Metern ein Kreis auf dem Boden markiert. Die Kinder nehmen dahinter Aufstellung. Sie haben eine große Anzahl von Bällen oder vorbereiteten Zeitungsbällen zur Verfügung. Die Spielleitung steht am Seil und zieht den Eimer immer wieder hoch und lässt ihn dann wieder herunter. Währenddessen probieren die Kinder, die Bälle in den Eimer zu treffen.

Variante: Das Spiel ist auch als Wettkampfspiel mit zwei Parteien durchführbar. Dazu wird die Hälfte der Tennis- oder Zeitungsbälle mit einem Filzstift oder Edding farbig markiert. Die Bälle liegen in zwei Kartons gemischt außerhalb des Feldes bereit. Jetzt versuchen die Kinder, wiederum möglichst viele

Bälle, diesmal natürlich nur die ihrer Farbe, in den Eimer zu werfen. Bälle, die nicht im Eimer untergebracht werden und dann im Raum umher rollen, dürfen eingesammelt und noch einmal geworfen werden. Welches Team hat am Ende die meisten Bälle im Eimer?

Hinweis: Tennisbälle erhält man oft auf Nachfrage in Sport- und Freizeitzentren geschenkt. Sie werden dort regelmäßig ausgewechselt.

Pingpong im Kreis

> Anzahl: 5 und mehr Kinder
> Material: je Kind eine Toilettenpapierrolle und ein Tischtennisball
> Spielort: Turnhalle

Die Kinder bilden einen Kreis und stehen mit den Gesichtern zur Kreismitte. Die Spielleitung steht ebenfalls im Kreis und hält senkrecht in der Hand eine leere Toilettenpapierrolle, auf der oben ein Tischtennisball liegt. Die Rolle gibt die Spielleitung nun dem rechts von ihr stehenden Kind. Dieses reicht die Rolle weiter und so wandert die Rolle im Kreis herum. Dabei wird das Tempo immer mehr gesteigert. Klatscht die Spielleitung in die Hände, bedeutet das einen Richtungswechsel. Die Rolle wandert jetzt in die andere Richtung.

Variante: In der Turnhalle werden verschiedenste Geräte und Hindernisse aus Böcken, Bänken, Matten und dergleichen aufgebaut. Jedes Kind erhält eine Toilettenpapierrolle und legt einen Tischtennisball darauf. Damit sucht es sich einen Platz im Raum. Jetzt begeben die Kinder sich mit ihren Rollen auf eine Kletterpartie kreuz und quer durch die Turnhalle. Dabei sollen sie über und unter den Hindernissen herklettern, ohne dass dabei der Ball von der Rolle herunter fällt.

Tanz der kleinen Bälle

> Anzahl: 8 und mehr Kinder
> Material: pro Kind eine Toilettenpapierrolle, für die Hälfte der Kinder je einen Tischtennisball, schnelle Tanzmusik
> Spielort: Turnhalle oder Bewegungsraum

Bei diesem Tanzspiel erhält die Hälfte der Kinder eine Toilettenpapierrolle. Auf jeder Rolle liegt ein Tischtennisball. Die andere Hälfte der Kinder hält je eine Toilettenpapierrolle in Händen. Zu einer schnellen Musik tanzen die Kinder im Raum. Unterwegs begegnen sich Kinder mit und ohne Tischtennisball. Bei einer solchen Begegnung verbeugen sich die beiden voreinander und lassen dann den Ball von einem zum anderen wandern. Dazu setzt das Kind seine Toilettenpapierrolle auf den Tischtennisball des anderen Kindes und hebt den Ball so zu sich auf die Rolle. Der Ball darf nicht zu Boden fallen. Auch dürfen die anderen Hände nicht eingreifen. Hat der Ball auf diese Weise seinen Besitzer gewechselt, tanzen die beiden Kinder weiter bis sie wieder auf ein neues Kind treffen.

Der rasende Schuhkarton

> **Anzahl: 2 und mehr Kinder**
> **Material: Schuhkartons, Kordel, Holzstöcke,**
> **Zeitungen**
> **Spielort: im Raum**

Durch die breite Seite eines Schuhkartons stechen wir zwei Löcher und ziehen eine Kordel hindurch. An das Ende der ca. 4 Meter langen Kordel binden wir ein Stück Holz. Der Schuhkarton wird mit der offenen Seite auf den Boden gestellt. Die Kordel ist abgewickelt und das Stück Holz hält eines der beiden Kinder in den Händen. Das andere Kind nimmt hinter dem Karton Aufstellung. Es hat auf dem Boden zahlreiche zusammen geknüllte Zeitungspapierbälle liegen. Auf ein Startzeichen, versucht das eine Kind, möglichst schnell die Schnur aufzuwickeln und den Karton zu sich heran zu ziehen. Währenddessen hat der Spielpartner Zeit, seine Zeitungsbälle im Karton zu landen. Ist der Karton beim Kind angelangt, ist die erste Runde beendet und die Kinder zählen die Bälle im Schuhkarton. Dann tauschen die Kinder die Rollen.

Variante: Die Kinder bilden zwei gleich große Gruppen. Jetzt werden zwei Kartons wie bereits beschrieben, vorbereitet und nebeneinander auf den Boden gestellt. Hinter beiden Kartons liegen Papier- oder Tennisbälle bereit. Je ein Kind aus dem Team nimmt hinter dem Karton der anderen Gruppe Aufstellung. Nach dem Startsignal werden die Schnüre wiederum von zwei Kindern aufgewickelt. In dieser Zeit versuchen die beiden Kinder hinter den Kartons, Bälle in den Schuhkarton der anderen Mannschaft zu werfen. Sind die Kartonschnüre aufgewickelt, werden die Bälle gezählt und die nächsten Kinder gehen in Startposition. Die getroffenen Bälle aller Kinder eines Teams werden zusammengezählt. Wer hat wohl am Ende die meisten Bälle in den Kartons untergebracht?

Die Reise mit dem Zug

EINE BEWEGUNGSGESCHICHTE MIT ZEITUNGEN

Anzahl: 8 und mehr Kinder
Material: Zeitungen
Spielort: Turnhalle

Wir wollen alle zusammen eine Zugfahrt unternehmen. Dazu stellen sich die Kinder hintereinander auf. Das erste Kind in der Reihe erhält einen Doppelbogen Zeitungspapier. Durch gleichmäßiges Zusammendrücken und Auseinanderziehen der Zeitung ahmt das Kind das Geräusch des abfahrenden Zuges nach. Die anderen Kinder stehen dahinter und fassen das jeweils vor ihnen stehende Kind an den Hüften.

Die Spielleitung begrüßt die Kinder zu einer abenteuerlichen Zugfahrt: *„Hoffentlich habt ihr nicht so viel unnötiges Gepäck mit genommen auf unsere Fahrt!"* Die Spielleitung legt über die vorgestreckten Arme der Kinder je ein doppeltes Zeitungsblatt. Sie stellen die Koffer dar. Ein Pfiff mit der Trillerpfeife gibt das Startsignal und der Zug setzt sich langsam in Bewegung. Das erste Kind macht dazu die Geräusche des abfahrenden Zuges. Langsam wird die Fahrt schneller, die Eisenbahn bewegt sich mit hohem Tempo kreuz und quer im Raum. Dabei versuchen die Kinder, ihr Gepäck unterwegs nicht zu verlieren. Schließlich fährt der Zug in den ersten Bahnhof ein. Die Spielleitung lädt zunächst das Gepäck ab, d. h. sie sammelt die Zeitungen ein, und die Kinder steigen aus dem Zug und schauen sich neugierig um.

Auf der weiteren Reise müssen die Kinder ihr Gepäck wieder selbst tragen. Doch zuerst wollen wir einmal wissen, wo der Zug gehalten hat. Nirgends ist ein Schild zu entdecken.

„Am besten wir bleiben ganz dicht beisammen", rät die Spielleitung. Ein Kind wird ausgesucht, das die Reisegruppe anführt. Es rollt seine Zeitung zu einem Fernglas und wandert los. Die anderen folgen und haben dabei ihr Gepäck (Zeitung) unter die Achseln geklemmt. Verschiedenste Stationen und Abenteuer können nun auf die Reisenden warten:

○ Wir gelangen an einen breiten Fluss. Um an die andere Uferseite zu kommen und die Reise fortsetzen zu können, bauen sich die Kinder gemeinsam aus den Zeitungen eine Brücke. Dafür legen sie alle Zeitungen hintereinander auf dem Boden aus und laufen anschließend darüber.

○ Die Sonne brennt erbarmungslos. Um uns zu schützen, legen wir uns die Zeitungen auf den Kopf und laufen mit unserem Sonnenschutz weiter.

○ Stechmücken fallen uns an. Zum Glück können wir uns gegenseitig mit den Zeitungen abklatschen und die Mücken verjagen.

○ Ein Gewitter zieht herauf. Zum Glück haben wir eine Schutzhütte entdeckt, in der wir das Gewitter erleben können, ohne nass zu werden.

○ Die Kinder bilden Gruppen zu je vier Kindern. Eines der Kinder setzt sich auf den Boden. Zwei andere Kinder breiten über dem sitzenden Kind eine Zeitung aus und halten sie an den vier Ecken fest. Die Spielleitung erzählt: *„Langsam kommt Wind auf."* (Zeitung auf und ab bewegen). *„Schon fallen die ersten Regentropfen."* (Das vierte Kind in der Gruppe stellt sich hinter das sitzende Kind und trippelt ganz leicht mit den Fingern auf die Zeitung). *„Der Wind wird stärker."* (Windbewegungen steigern). *„Es gießt jetzt in Strömen."* (Steigern). *„Plötzlich siehst du am Himmel den ersten Blitz!"* (das hinten stehende Kind nimmt die Zeitung zwischen seine beiden Hände und schlägt die Hände fest zusammen). *„Es folgt ein gewaltiger Donner."* (Alle drei stehenden Kinder stampfen gleichzeitig fest mit den Füßen auf). Das Gewitter klingt langsam wieder ab bis die Sonne erscheint und das Kind aus der Hütte treten kann.

○ Unsere Reise führt uns auf einen hohen, steilen Berg. Es ist mühsam, bis auf den Gipfel zu gelangen. Zum Glück haben wir einen Krückstock dabei. Die Kinder rollen ihre Zeitungen zu einem Krückstock und besteigen pantomimisch einen Berg.

○ Auf dem Gipfel genießen alle die herrliche Aussicht. Mit den Ferngläsern (Zeitungsrollen) betrachten die Kinder die wunderbare Landschaft.

○ Eine Seilbahn bringt uns zurück ins Tal. Dazu klemmen die Kinder ihre Zeitungsrollen zwischen die Knie, nehmen hintereinander Aufstellung, fassen mit den Händen pantomimisch nach dem

Seil über ihren Köpfen und sausen so mit Schluss-sprüngen den Berg hinab.
- Unten am Fuß des Berges ist es sehr heiß. Es fällt uns immer schwerer, das Gepäck zu tragen. Wir legen es uns deshalb auf den Rücken und gehen so weiter. Die Kinder beugen sich nach vorn und die Spielleitung legt ihnen die ausgebreiteten Zeitungen auf den Rücken. So setzen sie die Reise fort.
- Plötzlich hat jemand die rettende Idee. Wir nehmen die Zeitungen von den Rücken und falten sie mit unseren Füßen so klein wie möglich. Am besten geht es mit nackten Füßen. Dazu dürfen natürlich die Hände nicht benutzt werden. Sind die Zeitungen, also unser Gepäck, endlich ganz klein geworden, können zum Schluss wieder alle mit dem Zug die Heimfahrt antreten.

Diese Bewegungsgeschichte kann beliebig gekürzt, verändert und erweitert werden. Die Kinder sind dabei aufgefordert, die Reise mitzugestalten und ihre Phantasie mit einzubringen.

VON SPINNEN, REGENWÜRMERN UND ALLERLEI ANDEREN BEWOHNERN

SPIELE ZUM THEMA „TIERE IM KINDERGARTEN"

Unter der Lupe

> **Anzahl: 1 und mehr Kinder**
> **Material: eine oder mehrere Lupen, Einmach-gläser, kleines Aquarium**
> **Spielort: im Kindergarten, draußen**

Natürlich ist es für die Kinder besonders spannend, wenn an einem Tag eines der Kinder sein Haustier mit in den Kindergarten bringt. Aber eigentlich ist ständig Besuch im Kindergarten, ohne dass wir es häufig bemerken. Wollen wir uns einmal auf die Suche begeben nach „tierischen" Besuchern oder Bewohnern des Kindergartens? Zunächst müssen die Kinder, falls vorhanden, eine Lupe für diese Aktion von zu Hause mit in die Einrichtung bringen. So kommen einige Lupen zusammen, die von den Kindern gemeinsam benutzt werden. Die Suche kann jetzt losgehen.

Gesucht werden Spinnen, Blattläuse, Käfer, Fliegen, Mücken, Ameisen usw. Vielleicht fangt ihr einmal ein Tier und setzt es für kurze Zeit in ein Glas und betrachtet es mit allen zusammen. Nachdem so der Kindergarten unter die Lupe genommen wurde, geht es am nächsten Tag nach draußen. Welche tierischen Bewohner halten sich hier verborgen? Vielleicht entdecken wir Regenwürmer, Käfer, Schmetterlinge, Bienen, Fliegen, Mücken, Spinnen, Heuschrecken, Schnecken, Asseln, Tausendfüßler, Ohrenkneifer, Raupen oder noch andere bekannte oder unbekannte Tiere. Jeder, der eine Entdeckung gemacht hat, ruft die anderen herbei, damit sie das Tier auch einmal betrachten können.

Damit wir die Tiere in Erinnerung behalten, werden Fotos davon gemacht. Diese wollen wir später im Kindergarten aufhängen. Einzelne Tiere können für einen Vormittag in einem mit feuchter Erde gefüllten kleinen Aquariumbecken ins Zimmer geholt werden. Hier dürfen die Kinder das Tier auch einmal anfassen. Später bringen wir die Tiere wieder an die Fundstelle im Garten zurück.

Bilderbücher, die etwas über die entdeckten Tiere erzählen, können im Anschluss gelesen und zusammen betrachtet werden.

Das Regenwurmglas

> Anzahl: 1 und mehr Kinder
> Material: Maismehl, Jutestoff, großes
> Einmachglas
> Spielort: draußen, im Raum

Um Regenwürmer im Garten besser finden zu können, streuen wir etwas Maismehl auf die Erde und legen ein Stück Jutestoff darüber. Am nächsten Tag haben sich einige Würmer darunter versammelt, die wir nun in ein großes, mit Erde gefülltes Glas geben. Die Erde muss stets feucht gehalten werden. Als Futter für die Würmer legen wir Gras und Maismehl hinein. Jetzt können die Kinder beobachten, wie die Regenwürmer die Erde umgraben. Wer möchte, kann einen Regenwurm einmal in die Hand nehmen. Achtung: Regenwürmer reagieren empfindlich auf Erschütterungen!

Kringelnde Regenwürmer

> Anzahl: 4 und mehr Kinder
> Material: —
> Spielort: im Raum

Nachdem wir die Regenwürmer wieder in den Garten zurück gebracht haben, wollen wir einmal selbst ausprobieren, wie sich die Regenwürmer kringeln.

Dazu legen die Kinder sich auf den Boden, halten ihre Arme eng am Körper und probieren, sich so vorwärts zu bewegen. Das ist gar nicht so einfach. Die „Würmer" versuchen nun, über und untereinander her zu schlängeln. Dabei bleiben die Arme eng anliegend. Anschließend sprechen wir darüber, wie schwer es ist, sich auf diese Art fort zu bewegen. Jetzt wird es für die Kinder verständlicher, dass Regenwürmer so glitschig sind. Denn so können sie viel einfacher über die Erde gleiten.

Hinweis: Auch Schnecken bilden eine Schleimspur, wenn sie sich fortbewegen. Habt ihr das schon einmal untersucht?

Obstbewohner

> Anzahl: 1 und mehr Kinder
> Material: wurmstichiges Obst, Lupe
> Spielort: im Raum

An einem Sommertag fordert die Spielleitung die Kinder auf, wurmstichiges Obst mit in den Kindergarten zu bringen. Ebenso könnt ihr bei einem Besuch auf dem Wochenmarkt eine Marktfrau oder einen Marktmann bitten, euch einige wurmige Äpfel, Pflaumen, Himbeeren oder Ähnliches zu schenken. Vorsichtig wird das Obst von der Spielleitung zur Hälfte durchgeschnitten. Mit der Lupe kann jetzt untersucht werden, welche Bewohner es sich im Obst gemütlich gemacht haben und wie sie sich darin satt fressen.

Rollenspiele mit Tieren

> Anzahl: 4 und mehr Kinder
> Material: Äste, Zweige, Heu, Stroh, Blätter
> (auf einem Waldspaziergang gesammelt),
> evtl. Kostüme, Schminke
> Spielort: draußen oder bei Aufführung im Raum

Die Kinder werden in kleine Gruppen eingeteilt. Jeweils zwei bis vier Kinder spielen zusammen. Jede Gruppe zieht eine Memorykarte, auf der ein Tier abgebildet ist (Fuchs, Wolf, Vogel, Bär, Affe ...). Gemeinsam baut jede Gruppe in einer Ecke des Raumes ein Nest oder eine Höhle für das Tier, das sie dann später alle darstellen sollen. Am besten lässt sich das Spiel an einem warmen Sommertag draußen durchführen. Hier können für den Bau der Höhle / des Nests Stöcke, Zweige und Heu verwendet werden. Sind alle Nester und Höhlen fertig, kann das Rollenspiel beginnen. Dabei sollte die Spielleitung mitspielen und immer wieder Impulse einbringen. Hier ein paar Beispiele:

- Die Tiere gehen auf Nahrungssuche: jagen, anschleichen, fangen.
- Geräusche von sich geben.
- In die Höhle / das Nest kriechen und schlafen; sich aneinander kuscheln.
- Die Tiere streiten, spielen, toben, raufen miteinander.
- Tiere begegnen einander, beschnüffeln sich ...

Die Kinder bringen ihre Ideen und Vorstellungen vom Leben der Tiere ebenso ins Spiel ein und setzen sie um. In einem anschließenden Gespräch überlegen wir, ob die Tiere sich wirklich so verhalten. Ein Tierlexikon gibt euch zusätzliche Informationen.

Hinweis: Ein solches Rollenspiel kann auch zur Aufführung gebracht werden. Mit selbst angefertigten Kostümen, geschminkten Gesichtern und echtem Fressen für die hungrigen Tiere wirkt die Inszenierung überzeugend echt.

Die Schnecke im Schneckenhaus

Anzahl: 2 und mehr Kinder
Material: —
Spielort: im Raum

Die Kinder bilden Spielpaare. Eines der Kinder legt sich auf den Boden und rollt sich ganz eng ein. Es spielt eine Schnecke in ihrem Schneckenhaus. Dazu zieht es die Knie eng an den Körper und umfasst sie mit beiden Armen. Das andere Kind soll versuchen, die Schnecke aus ihrem Schneckenhaus zu locken. Dabei sind kitzeln und Gewaltanwendungen *nicht* erlaubt. Die Schnecke soll auf sanfte Weise heraus gelockt werden.

FINGER UND BEWEGUNGSSPIELE RUND UMS THEMA „TIERE"

Der kleine Igel

Für dieses Finger- und Bewegungsspiel benötigt man einen Kastanienigel. (siehe nebenstehende Bastelanleitung)

Sitzt ein Igel unterm Baum.
> (Einen Arm auf den Ellbogen stützen)

Ganz versteckt, man sieht ihn kaum.
> (Hand und Finger als Baumkrone bewegen / Kastanienigel darunter stellen)

Kleiner, kleiner Igel, siehst wie eine Kugel aus.
> (Mit der anderen Hand auf die Stacheln zeigen)

Streckst so viele Stacheln aus.
Bitte tu mir nicht so weh.
Wenn ich komm in deine Näh.
> (Mit den Fingern der Hand vorsichtig die Stacheln berühren)

Plötzlich schleicht der Igel weg, kuschelt sich ins Blätterbett.
> (Mit der Hand den Igel fassen und zum Blätterbett schleichen. Den Igel darunter verstecken.)

Dort versteckt vor aller Welt.
Sitzt er warm, wenn Regen fällt.
> (Mit den Fingern der Hand sanft auf die Blätter tippen und die Regentropfen darstellen)

Für dieses kleine Fingerspiel können die Kinder auch aus gesammelten Kastanien Igel basteln und dann das Spiel mit eigenen Igeln durchführen. Die Kinder sitzen auf dem Boden im Kreis. Jedes Kind legt seinen Igel vor sich, ebenso einen kleinen Blätterhaufen als Blätterbett. Gemeinsam kann nun das Spiel beginnen.

Bastelanleitung für den Kastanienigel

> **Material: je Kind eine Kastanie, einige Streichhölzer ohne Köpfe, etwas Flüssigkleber, Lochbohrer**

In die Kastanie werden mit einem Lochbohrer für die Stacheln kleine Löcher gestochen. In jedes Loch geben wir einen Tropfen Flüssigkleber und stecken anschließend einen Streichholz hinein. Schon ist der Kastanienigel fertig.

Der Elefant war hier!

EIN FINGERSPIEL

Und eins, und zwei und drei und vier.
(Mit den Finger einer Hand bis vier zählen)

Es kommt der Elefant zu dir.
(Mit beiden Fäusten abwechseln auf den Tisch
trommeln und das Stampfen nachahmen)

Und eins, und zwei, und drei und vier.
(Wiederholen wie oben)

Der Elefant war hier!
(Bei „hier" die Stimme etwas anheben und mit
beiden Händen flach auf den Tisch schlagen)

Und eins, und zwei und drei und vier.
(Mit den Fingern einer Hand bis vier zählen)

Es schleicht die kleine Katz zu dir.
(Mit der Hand wie eine Katze schleichen)

Und eins, und zwei, und drei und vier.
(Wiederholen wie oben)

Die Katze, die war hier!
(Wie oben)

Und eins, und zwei und drei und vier.
Es kommt ein Krokodil zu dir.
(Die Handflächen zusammen legen und wie ein
Krokodilsmaul auf und zu machen)

Und eins, und zwei und drei und vier.
Das Krokodil war hier!
(Wie oben)

Und eins, und zwei, und drei und vier.
(Die Handballen beider Hände gegeneinander
stellen)

Es kommt ein Schmetterling zu dir.
(Die Hände öffnen und schließen wie die Flügel des
Schmetterlings)

Und eins, und zwei und drei und vier.
Der Schmetterling war hier!
(Wie oben)

Andere Tiere könnte wie folgt gespielt werden:
Schnecke – eine Hand auf den Tisch legen, dabei
die Finger leicht anwinkeln, sodass ein Hohlraum als
Schneckenkörper entsteht. Durch vor und zurückziehen der Finger und langsames vorschieben der Hand
sieht es aus, als krieche die Schnecke voran.

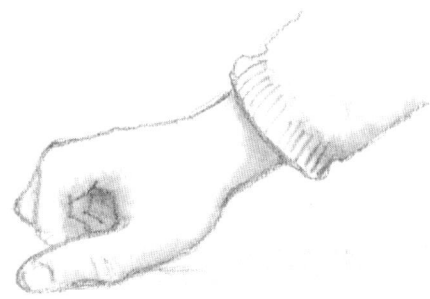

Maus – die Hand ebenso wie bei der Schnecke
halten. In Schlängelbewegungen vorwärts huschen.
Schlange – die Schlange wird vom gesamten Arm
dargestellt. Die Schlange kriecht, sich ständig win-
dend, voran.

Eule – jeweils den Zeigefinger und Daumen beider
Hände zu zwei Ringen zusammenführen und vor die
Augen halten.
Pinguin – beide Hände flach auf den Tisch legen,
etwas abspreizen und auf und nieder patschen und
so das Watscheln der Pinguine darstellen.

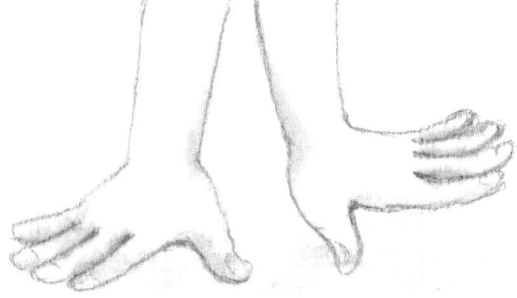

Weitere Bewegungen von immer neuen Tieren können zusammen mit den Kindern entwickelt werden.

Den Abschluss bildet folgender Vers:
Doch auf einmal, ach du Schreck,
Sind die ganzen Tiere weg.
(Mit beide Handflächen auf den Tisch patschen)

Das Krokodil im Nil

EIN FINGERSPIEL

Ich kannte mal ein Krokodil.
(Beide Handflächen zusammen halten. Beide Arme
bewegen sich so als Krokodil.)

Das lebte im großen Fluss Nil.
Es schwamm im Fluss mal auf mal ab.
(Die Arme über den Tisch bewegen)

Am Abend war es meist ganz schlapp.
(Beide Arme ruhen auf dem Tisch)

Dann wälzte es sich mal hin und her.
(Die Arme zusammen halten und auf dem Tisch
drehen)

Und stöhnte dabei so schwer.
(Laut stöhnen)

Es gähnte und öffnete dabei sein Maul.
(Die Hände als Krokodilsmaul öffnen und laut
gähnen)

Wurde dabei so richtig faul.
(Wieder schlapp nieder sinken)

Dann schloss es die Augen und schlief bald ein.
(Hände neben die Wange legen, Augen schließen)

Ja, ein Krokodil müsste man sein.

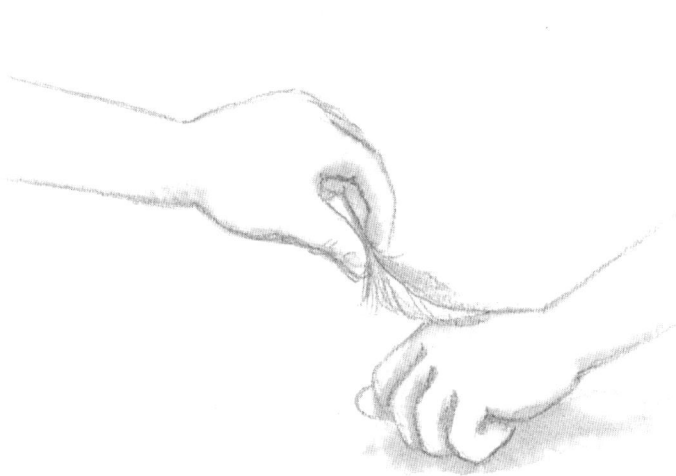

Ein Federchen flog über Land

(TEXT VON JOACHIM RINGELNATZ)

Material: eine Feder

Ein Federchen flog übers Land.
(Die Feder in der einen Hand halten und durch die
Luft schweben lassen)

Ein Nilpferd schlummerte im Sand.
(Eine Hand liegt auf dem Tisch, die Finger etwas
angezogen = Nilpferd)

Die Feder sprach: „Ich will es wecken!"
Sie liebte es, andere zu necken.
(Die Feder weiter bewegen)

Aufs Nilpferd setzte sich die Feder.
(Die Feder auf die Hand hinab schweben lassen)

Und streichelt sein dickes Leder.
(Mit der Feder die Hand streicheln)

Das Nilpferd öffnete den Rachen.
(Die Hand öffnen)

Und musste ungeheuer lachen.
(Laut lachen)

Am Tag, als der Igel kam

Anzahl: 4 und mehr Kinder
Material: —
Spielort: im Raum

Die Kinder setzen sich verteilt im Raum auf den Boden. Die Spielleitung erzählt eine Geschichte, zu der die Kinder die Tiere darstellen, die darin vorkommen. Bevor die Geschichte beginnt, werden zunächst die Tiere und ihre Bewegungen einstudiert.

Es könnten dabei sein:

Schmetterling: Die Arme anwinkeln und wie zwei Flügel auf und ab schwingen lassen. So durch den Raum fliegen.

Hase: Sich auf den Boden hocken und vorwärts hüpfen.

Tausendfüßler: Mehrere Kinder stellen sich hintereinander auf, gehen in die Hocke, fassen das vordere Kind um die Hüfte und gehen watschelnd vorwärts.

Ameise: Auf allen Vieren, den Po hoch in die Luft gestreckt, krabbeln die Kinder schnell und hektisch durcheinander.

Regenwurm: Die Kinder legen sich flach auf den Boden und schlängeln sich voran.

Igel: Auf allen Vieren läuft der Igel. Dabei ist er stets vorsichtig, schnuppert und rollt sich immer mal wieder ein.

Weitere Tiere könnten sein: Fliegen, Bienen, Spinne, Wühlmaus, Vogel, Eichhörnchen, Marienkäfer etc.

Nachdem alle Tiere mit Bewegungen und möglichen Lauten einstudiert sind, erzählt die Spielleitung die folgende Geschichte. Immer wenn ein Tier in der Geschichte genannt wird, stellen die Kinder es dar.

„Heute Morgen ist im Garten unseres Kindergartens etwas ganz Merkwürdiges geschehen. Es war noch sehr früh. Die Sonne war gerade erst aufgegangen. Noch kein einziges Kind war im Kindergarten. Da kam plötzlich ein Igel über die Wiese gelaufen. Vorsichtig lief er voran, schnupperte immer wieder, ob auch keine Gefahr drohte. Niemand hatte den Igel jemals im Garten gesehen. Auf der Wiese traf der Igel den Regenwurm, der sich gerade aus der Erde schlängelte und den Tag begrüßen wollte.

,Hallo', begrüßte der Regenwurm den Igel erfreut. ,Wen haben wir denn da? Dich kenne ich ja noch gar nicht? Du bist wohl neu bei uns im Garten?'

,Ja,' antwortete der Igel schüchtern. ,Ich suche ein neues zu Hause. Da bin ich zufällig an diesem Garten vorbeigekommen. Vielleicht finde ich ja hier ein schönes Plätzchen zum Schlafen.'

,Dann viel Glück,' sagte der Regenwurm und schlängelte sich davon. Der Igel lief weiter durch den Garten und traf auf ...“

So trifft der Igel nacheinander verschiedene Tiere im Garten, die stets von den Kindern dargestellt werden. Am Ende findet der Igel in einem verborgenen Winkel einen schönen Schlafplatz, rollt sich zusammen und schläft ein.

Die Geschichte kann von der Spielleitung beliebig erweitert und ausgeschmückt werden.

Schade, dass du gehen musst!

Spiele und Ideen zum Thema Abschied

Jedes Jahr verlassen die zukünftigen Schulkinder den Kindergarten. Dieser Abschied fällt den meisten sehr schwer, denn sie verlassen den ihnen vertrauten Raum mit vielen Freunden. Unbekanntes erwartet sie, mit einem gemischten Gefühl aus Angst und Neugierde erleben sie dieses einschneidende Ereignis.

Aber auch für die Zurückbleibenden im Kindergarten ist der Abschied nicht leicht. Freunde, mit denen sie jeden Tag viel Zeit verbracht haben, kommen nun nicht mehr. Ebenso fällt den ErzieherInnen der Abschied von einzelnen Kindern nicht leicht.

Dieses Kapitel will Anregungen geben, mit Spiel- und Gestaltungsideen den Abschied in einer Gruppe zu thematisieren und den Prozess bewusst zu erleben. Denn jeder Abschied ist auch ein Anfang, der Beginn von etwas Neuem. Es ist also für alle Beteiligten der Zeitpunkt zurückzublicken, auf das was sie gemeinsam erlebt haben, aber auch nach vorn zu blicken, auf das, was sie erwartet.

Schätze im Karton

Anzahl: 2 und mehr Kinder
Material: je Kind ein Schuhkarton, Geschenk-
papier oder weißes Papier, Klebstoff, Scheren,
Fingerfarben
Spielort: im Raum

Jedes Kind bringt einen Schuhkarton mit in den Kindergarten. Dieser wird zunächst mit Geschenkpapier oder auch mit weißem Papier beklebt und anschließend bemalt und schön gestaltet. Auf einem Spaziergang im Wald sammeln die Kinder verschiedene Naturmaterialien, die ihnen besonders gut gefallen. Zurück im Kindergarten breitet jedes Kind die gesammelten Schätze auf dem Boden im Kreis aus und setzt sich mit seinem Karton ebenfalls in den Gesprächskreis.

Spielmöglichkeiten:

1. Ein Kind beginnt und sucht sich einen seiner Schätze aus, den es einem der Kinder im Kreis schenkt. Nach und nach verschenken die Kinder so viele Schätze wie sie möchten an andere Kinder in der Gruppe. Die Schätze, die die Kinder erhalten haben, legen sie in ihre Schuhkartons und nehmen die Kartons am Ende mit nach Hause. Dieses Spiel eignet sich besonders für die Zeit vor den Ferien, wenn die Kinder sich für längere Zeit nicht sehen. Wer von den Kindern eine Idee hat, darf, wenn er sein Geschenk übergibt, auch etwas dazu sagen. Zum Beispiel: Ich schenke dir dieses rote Blatt, weil rot deine Lieblingsfarbe ist!

2. Für Kinder, die bald den Kindergarten verlassen, können Schätze von allen gesammelt werden. Dann erhält das Kind von den anderen einen gemeinsam gestalteten Karton. Von außen kann der Karton mit Fingerabdrücken aller Kinder gestaltet werden. Dazu bekleben wir den Karton zuerst mit weißem Papier. Anschließend bemalen die Kinder ihre Fingerspitzen mit Fingerfarben und machen damit Abdrücke auf das Papier. Außer mit Naturmaterialien könnte diese kleine Andenkenschatzkiste auch mit Fotos, selbstgemalten Bildern der Kinder und anderen Erinnerungsstücken aus der Kindergartenzeit gefüllt werden.

Die Abschiedskassette

> Anzahl: alle Kinder einer Gruppe
> Material: 1 Kassette, 1 Kassettenrekorder
> Spielort: im Raum

Gemeinsam mit allen Kindern einer Gruppe wird für das zu verabschiedende Kind eine Kassette aufgenommen. Alle besprechen zunächst gemeinsam, was sie auf dieser Kassette aufnehmen könnten. Die Kinder können ein Lied singen, gemeinsam führen wir ein Fingerspiel durch und nehmen es auf, vielleicht liest die Spielleitung eine Geschichte vor, die das Abschied nehmende Kind besonders gerne mochte, wir rufen alle zusammen *Auf Wiedersehen* in verschiedenen Sprachen, vielleicht weiß jemand eine kleine Geschichte zu erzählen, die während der gemeinsamen Zeit erlebt wurde und als sehr lustig in Erinnerung geblieben ist. Bestimmt haben die Kinder viele Ideen und eine Kassette ist schnell gefüllt.

Die Hülle gestalten die Kinder gemeinsam, indem jedes Kind eine Kleinigkeit malen darf und so ein gemeinsames Abschiedsbild entsteht.

Erinnerungen

> Anzahl: alle Kinder einer Gruppe
> Material: —
> Spielort: im Raum

Die Kinder sitzen im Kreis beisammen. Die Spielleitung erzählt, dass einige Kinder bald den Kindergarten verlassen werden. Sie zählt die Namen der Kinder auf. Anschließend fordert sie diese Kinder einzeln auf, sich zu erheben und den Raum zu verlassen. Während das erste Kind draußen wartet, müssen die übrigen erzählen, wie das Kind aussieht, welche Haar- und Augenfarbe es hat, welche Kleidung es trägt und so weiter. Anschließend wird das Kind wieder hereingerufen. Wir vergleichen, ob wir das Kind richtig in Erinnerung hatten und stellen sicherlich fest, das wir vieles schnell vergessen und das es nicht leicht ist, sich zu erinnern. Dann verlässt das nächste Kind den Raum.

Wollbilder

> Anzahl: alle Kinder einer Gruppe
> Material: ein großer Bogen Fotokarton, Wollreste, Scheren, Klebstoff
> Spielort: im Raum

Gemeinsam wollen wir für ein Kind, das den Kindergarten verlässt, ein Wollbild kleben. Dazu werden aus Wollresten verschieden lange Fäden geschnitten. Auf einem großen Bogen Fotokarton gestalten die Kinder dann gemeinsam ein Bild. Dabei lassen sich sehr schön Figuren, Gegenstände oder Landschaften aus den Wollfäden legen und immer wieder verändern. Vielleicht kleben die Kinder auch jeweils ihr Gesicht auf. Die Spielleitung schreibt dann die Namen der Kinder darunter. Auf einem Abschiedsfest wird das Bild dem Kind übergeben.

Der Abschiedstanz

> Anzahl: alle Kinder einer Gruppe
> Material: ein langes Seil (ca. 10 - 15 Meter)
> Spielort: im gesamten Kindergarten

Für diesen Abschiedstanz fassen alle Kinder an ein langes Seil, sodass eine Schlange entsteht. Zu einer bewegten Musik tanzt diese Schlange dann durch den ganzen Kindergarten, schlängelt sich von Raum zu Raum. So bewegt die Schlange sich durch die gesamte Einrichtung, verabschiedet sich von allen Räumen, von den Kindern der anderen Gruppen. Dazu windet sie sich einmal durch jedes Zimmer und winkt dabei den Kindern, die gerade im Raum sind, zu bis sie schließlich wieder am Startpunkt angelangt ist.

Variante: Nur die Kinder aus der Gruppe, die den Kindergarten verlassen, fassen das Seil. Die Spielleitung geht an den Anfang und führt die Schlange an. Jedes Kind hält zudem ein Instrument in der Hand. So zieht die Schlange von Raum zu Raum. Überall werden die scheidenden Kinder herzlich verabschiedet, die anderen winken ihnen zu, klatschen in die Hände oder übergeben sogar kleine Abschiedsgeschenke.

ABSCHIEDSLIED

Alle Leut

(Überliefert)

1. *Alle Leut, alle Leut,*
(in die Hände klatschen)
geh'n jetzt nach Haus.
(Mit den Händen ein Haus über dem Kopf
darstellen)
Geh'n in ihr Kämmerlein,
lassen fünf gerade sein.
(Mit der Hand fünf Finger zeigen)
Alle Leut, alle Leut',
(wieder in die Hände klatschen)
geh'n jetzt nach Haus.

2. *Große Leut, kleine Leut,*
(Arme hoch in die Luft strecken, dann sich
klein machen)
dicke Leut, dünne Leut.
(mit den Armen dicken und dünnen Bauch
darstellen)
Alle Leut, alle Leut,
geh'n jetzt nach Haus.

3. *Alle Leut, alle Leut,*
(wie oben)
geh'n jetzt nach Haus.
Setzen ihr Mützchen auf.
(Mit den Händen pantomimisch Mütze aufsetzen)
Rennen im Dauerlauf.
(Im Dauerlauf auf der Stelle rennen)
Alle Leut, alle Leut,
geh'n jetzt nach Haus.

4. *Alle Leut, alle Leut,*
geh'n jetzt nach Haus.
Hüpfen auf einem Bein,
(auf einem Bein auf der Stelle hüpfen)
machen sich dann ganz klein.
(Sich in die Hocke setzen und ducken)
Alle Leut, alle Leut,
geh'n jetzt nach Haus.

5. *Alle Leut. alle Leut,*
geh'n jetzt nach Haus.
Packen ihr Täschchen ein
(pantomimisch Dinge in eine Tasche packen)
und tun viele Sachen rein.
Alle Leut, alle Leut,
geh'n jetzt nach Haus.

6. *Alle Leut, alle Leut,*
geh'n jetzt nach Haus.
Schlüpfen in ihre Schuh.
(Sich beide Schuhe anziehen)
Jetzt gehts nach Haus im Nu.
Alle Leut, alle Leut,
geh'n jetzt nach Haus.

7. *Alle Leut, alle Leut,*
geh'n jetzt nach Haus.
Winken zum Abschied dir.
(Den anderen zuwinken)
Wir sehn uns wieder hier.
Alle Leut, alle Leut,
geh'n jetzt nach Haus.

Der Blumentanz

Anzahl: alle Kinder einer Gruppe
Material: je Kind eine selbstgebastelte Blume
aus Krepppapier, Wollreste oder Klebeband,
Gymnastikreifen, schnelle Tanzmusik
Spielort: Raum mit Teppichboden oder Turnhalle

Bei diesem Abschiedstanz stellt sich das Kind, das verabschiedet werden soll, in die Mitte des Raumes in einen auf dem Boden liegenden Gymnastikreifen. Die anderen Kinder legen an diesen Reifen Wollfäden auf dem Boden aus bis zu ihrem Platz. Dabei muss jedes Kind einen Faden für sich auslegen. Es entsteht so auf dem Boden das Bild einer Sonne, die Wollfäden sind die Sonnenstrahlen. Jedes Kind setzt sich an das Ende eines Sonnenstrahls. Wenn das Spiel nicht in einem Raum mit Teppichboden durchgeführt wird, sollten die Sonnenstrahlen mit Klebe-band auf den Boden geklebt werden. Jedes der Kinder hält eine zuvor aus Krepppapier gebastelte Blume in Händen. Zu einer bewegten (am besten folkloristischen) Musik tanzen die Kinder nacheinander auf ihrem Sonnenstrahl in die Mitte und überge-ben ihre Blume. Dann kehren sie auf ihren Platz zurück und das nächste Kind im Kreis tanzt in die Mitte. So erhält das Kind, das verabschiedet wird, von allen einen wunderschönen Blumenstrauß.

Hinweis: Wenn mehrere Kinder verabschiedet wer-den, beispielsweise weil sie in die Schule kommen, können auch mehrere kleine Kreise gebildet wer-den. Dann steht in jedem Reifen ein Kind, das Abschied nimmt. Ebenso lässt sich das Tanzspiel auch durchführen, indem jedes Kind für das schei-dende Kind ein kleines Geschenk bereit hält, das übergeben wird (ein besonders schöner Stein, ein gemaltes Bild, ein Foto, etwas Gebasteltes etc.)

Abschied hat viele Gesichter

> **Anzahl: alle Kinder einer Gruppe**
> **Material: schnelle Tanzmusik**
> **Spielort: im Raum**

Zu einer schnellen Musik tanzen die Kinder durch den Raum. Immer wenn die Musik unterbrochen wird, sollen sich die Kinder untereinander auf verschiedenste Weise verabschieden. Die Verabschiedungsarten werden von der Spielleitung ausgerufen. Ertönt erneut die Musik, tanzen die Kinder allein weiter. Hier einige Beispiele:

○ Verschiedene Körperteile können sich bei jedem Stopp voneinander verabschieden: alle Hände gegeneinander klatschen, Füße verabschieden sich, Po an Po oder Rücken an Rücken reiben.
○ Sich ganz herzlich und überschwänglich verabschieden und dabei umarmen.
○ Sich zum Abschied auf die Schultern klopfen.
○ Sich rückwärts auf andere zu bewegen und einander so durch die gegrätschten Beine zum Abschied die Hände schütteln.
○ Einander zuwinken.
○ Sich bei den Entgegenkommenden unterhaken und einmal miteinander im Kreise drehen.
○ Bei der Verabschiedung die Hüften gegeneinander schlagen.

Das Abschiedskonzert

> **Anzahl: alle Kinder der Gruppe**
> **Material: verschiedene Musikinstrumente**
> **Spielort: im Raum**

Die Kinder werden in Kleingruppen zu je fünf bis sechs Kindern eingeteilt. Die Gruppen setzen sich eng zusammen auf den Boden.

Zu Beginn des Spiels verteilt die Spielleitung an die einzelnen Kinder der Gruppen Instrumente. Dabei erhalten die Kinder einer Gruppe jeweils die gleichen Instrumente. Falls nicht so viele Musikinstrumente vorhanden sind, können genau so gut klingende Alltagsgegenstände oder selbstgebastelte Instrumente verwendet werden. Die Spielleitung stellt sich in die Mitte, das Kind, das verabschiedet wird, sitzt ebenfalls in der Mitte oder auf einem extra geschmückten Ehrenplatz. Das folgende Konzert wird nur für dieses Kind gegeben.

Die Spielleitung dirigiert dabei die einzelnen Gruppen mit einem Dirigentenstab (Holzstab) von der Mitte aus. Dies sollte vorab schon einmal mit den Kindern geübt werden. Auf einer kleinen Abschiedsfeier mit den Eltern kann dann ein schönes Musikkonzert mit Instrumenten entstehen. Die Kinder können auch ein Lied dazu einstudieren, das sie mit den Instrumenten begleiten.

Die Abschiedspolonaise

> **Anzahl: beliebig**
> **Material: schnelle stark rhythmische Musik**
> **Spielort: im Kindergarten und draußen**

Die Kinder stellen sich zu einer langen Schlange hintereinander auf. Dann fassen alle das vor sich stehende Kind an den Schultern. Die Spielleitung lädt die Kinder ein, gemeinsam Abschied zu nehmen. Dabei wollen wir uns von allen Gegenständen im Kindergarten verabschieden. Die Spielleitung stellt sich an den Kopf der Schlange und führt die Polonäse an. Zu einer schnellen Musik bewegt sich die Kinderschlange durch den Kindergarten. Dabei führt der Weg durch alle Räume, vorbei an den unterschiedlichen Spielbereichen. Durch Winken, lautes Tschüss-Rufen, ein kleines Tänzchen um einen Gegenstand, Kusshand zuwerfen und Ähnliches, verabschieden sich die Kinder von allen. Die Spielleitung gibt dabei vor, wo kurz angehalten wird und in welcher Art die Kinder sich verabschieden.

Alphabetisches Spieleverzeichnis

Spieltitel	Seite
Abschied hat viele Gesichter	138
Alle Leut'	136
Allerlei Köstlichkeiten?	74
Alles meins!	56
Am dünnen Faden	20
Am Tag, als der Igel kam	131
Angst einjagen	56
Armschranke	22
Auf dem orientalischen Basar	36
Auf der Verkleidungsparty	107
Auf die Bäume, ihr Affen!	36
Auf Fotosafari	90
Auf und ab	121
Ausgeschlossen	22
Begegnungen	8
Begegnungen in der Stadt	55
Besuch am Morgen	105
Bim Bam Bommel	113
Blätter im Herbstwind	83
Blätter und Hände	83
Blättergespür	85
Blätterschlacht	83
Blindes Vertrauen	19
Da hat einer Quatsch gemacht!	14
Das Abschiedskonzert	138
Das brüchige Floß	62
Das Gemeinschaftsnetz	93
Das Genießerbett	44
Das habe ich doch schon mal gesehen!	14
Das Krokodil im Nil	130
Das magische Seil	28
Das musikalische Echo	110
Das Regenwurmglas	126
Das Schlittenhunderennen	39
Das Schwein ist krank	27
Das weiche Bett	82
Das Wolkenbett	42
Deine Hände	12
Den Buckel versohlen	62
Den Luftzug spüren	47
Der Abschiedstanz	134
Der alte Seefahrer	16
Der Bierdeckeltanz	116
Der Blätterregen	83
Der Blumentanz	137
Der Boxsack	65
Der Briefkasten	89
Der Brücken-Tunnel-Tanz	118
Der Elefant war hier!	129
Der Farbentanz	95
Der gefräßige Hofhund	55
Der Huttanz	117
Der Hutturm	99
Der kleine Igel	128
Der Mutsprung	53
Der Puzzletanz	23
Der rasende Schuhkarton	122
Der Schleiertanz	115
Der Schrei	63
Der Stäbchentanz	39
Der sture Bock	52
Der Tag der Masken	54
Die Abschiedskassette	134
Die Abschiedspolonaise	138
Die Affen sind los	102
Die Angst in Luft „auflösen"	57
Die Brücke über den Fluss	102
Die Handwärme spüren	45
Die lebendige Schaukel	25
Die Reise mit dem Zug	123
Die Schnecke im Schneckenhaus	127
Die Wärme spüren	73
Die wärmende Sonne	46
Die Welt um uns entdecken	87
Die Zaubergasse	66
Diebische Tänzer	67
Dinge aus aller Welt	31
Duftende Blätter	83
Durch den dichten Urwald	102
Ein Federchen flog über Land	130
Eine Reise um die Welt	33
Einlochen	77
Einmal um die ganze Welt	32
Elefantenparade	37
Eng verbunden	13
Erde zu Erde	70
Erinnerungen	134
Erzähl mir was von dir!	10
Esel zu Esel	116
Fang den Hut!	98
Farbe zu Farbe	81
Farbige Guckröhren	72
Fliegende Zeitungsbälle	98
Gefangen im Urwald	51
Gefühle sind wie Töne	56
Gegensätze darstellen	66
Gegenstände fallen lassen	73
Gemischte Gefühle	53
Geräusche im Raum	42
Geräusche nachahmen	73
Geräuschetheater	107
Gesucht – Gefunden	13
Gesucht wird....	81
Gläser sortieren	69
Gläserkonzert	69
Gleiche Töne	112
Gleiches zu Gleichem	23
Glöckchen, Glöckchen, wo bist du?	111
Hallo und auf Wiedersehen	9
Hallo und Guten Morgen	30
Hallo, ist dort der Kindergarten?	88
Hau ab, ich mag dich nicht!	24
Heiß und kalt	72
Helfende Signale	21
Hilfe, ein Hut!	98
Hinkelsteine	78
Hugo, der Kuschelhase	11
Hutkreisen	101
Hutstaffel	100
Hutwechsel	96
Ich bin eine Muschel	49
Ich kann dich spüren!	47
Im Sturm auf hoher See	44
Im tiefen, dunklen Wald	108
Im Tierpark	105
In der Geisterbahn	59
In unserem Haus ist was los!	108
In unserem Stadtteil ist was los!	89
Indianer auf Entdeckungspfad	14
Instrumente im Raum	112
Ja, ja, sagte der alte Opa	107
Känguruhüpfen	38
Karade, Denizde, Havada	31
Kinder dieser Erde	31
Kleine Bummelzüge	12
Kleine Detektive	21
Kleine Fotografen	88
Kommst du zu mir, komm ich zu dir!	27
Kringelnde Regenwürmer	126
Lass dich einfach fallen!	23

Lass dich von mir verwöhnen	41	Schatzsuche	79	Veränderte Blickwinkel	72
Leise Rufer	73	Schlangen im Unterholz	103	Versteck im Ton	70
Leise Wege – Laute Wege	73	Schlangenbeschwörung	112	Verstecken mit Instrumenten	113
Masken werfen	56	Schlangenhaut	35	Versteckte Puzzle	80
Menschenbäume	84	Schön – unheimlich?	58	Verwandlungen	105
Mit Stäbchen essen	38	Schön geträumt?	58	Viele neue Freunde	27
Mülldetektive unterwegs	90	Schwingende Säcke	120	Von Kontinent zu Kontinent	32
Musik im Straßenverkehr	114	Schwingende Töne	42	Vorstellen im Kreis	7
Musikalische Schlangen	111	Sieh mal, was ich kann!	8	Was gehört zu mir?	10
Musikecken	70	Skifahrt mit viel Gefühl	20	Was Mamas und Papas so machen	90
Namen merken	8	Spaziergang durch die Gasse	26	Was steckt unter dem Hut?	96
Nanu, was ist denn hier los?	81	Spaziergang in der Nacht	58	Wegdrücken	61
Neue Spielpaare	13	Spüre meinen Atem	47	Wenn der Tiger erwacht	102
Obstbewohner	126	Starke Jungen – schwache Mädchen?	52	Wenn es dunkel wird	58
Oma, Opa … Oskar!	98	Stehauf-Pärchen	21	Wenn kleine Räuber streiten	66
Orchester	111	Steine ablegen	46	Wenn Kuscheltiere kuscheln kommen	48
Parkhaus oder Tiefgarage?	37	Steine ins Loch	78	Wer bin ich?	13
Paul will nicht in den Kindergarten	16	Steinspringen	85	Wer gehört zu mir?	23
Pingpong im Kreis	121	Stinker und Dufter	74	Wir fahren mit dem Omnibus	106
Platz für zwei?	24	Stock und Hut	100	Wir malen mit Blättern	85
Regenmacher	43	Stöckchen schießen	79	Wir sind eine Gruppe	10
Rollenspiele mit Tieren	126	Streicheln mit Tüchern	45	Wir suchen Brieffreunde	89
Rot, Blau, Gelb und Grün	95	Streit im Kreis	67	Wolken ziehen vorbei	43
Rück doch einmal!	62	Streit ums Quadrat	61	Wollbilder	134
Rückenmassage	45	Tanz bei Kerzenschein	118	Zeitungsbilderwand	94
Samuraikämpfer	64	Tanz der kleinen Bälle	121	Zeitungsflug	121
Sanfte Klänge	47	Tanzende Sternschnuppen	117	Zielwerfen mit Hut	101
Schätze im Karton	133	Tastende Fußtaucher	70	Zum Fühlen – Zum Schmecken	74
Schätze im Sandkasten	85	Theater im Kreis	105		
Schätze vom Meeresstrand	49	Unter der Lupe	125		

Zur Autorin

Annette Breucker ist Diplom-Sozialpädagogin und seit 1985 als freiberufliche Referentin bei der Spiel- und Kulturwerkstatt „Rhinozeros" tätig. Viele der Spiele in diesem Buch sind in ihrer mehr als 15-jährigen Fortbildungstätigkeit für Erzieher und ErzieherInnen entwickelt und ausprobiert worden. In den vergangenen Jahren hat sie zahlreiche spielpädagogische Fachbücher veröffentlicht, u.a.: „Da ist der Bär los", „Schmusekissen – Kissenschlacht", „Auf dem Blocksberg tanzt die Hex'" und war an vielen weiteren Fachbüchern als Mitautorin beteiligt.

Seit Mai 1999 hat Annette Breucker die Leitung eines Elterninitiativkindergartens in ihrer Heimatstadt Oberhausen (Rhld.) übernommen.